# 히바에서 파미르까지

# 히바에서 파미르까지

성시리의 좌충우돌 여행기

천성실 지음

도서
출판 한아름

## 저자 서문

"이번 여행으로 함께 하는 것은 무리라고 생각한다. 마무리한다."
순간 어찌할 바를 몰랐다.
"박 회장과 통화를 하여 의견을 모았다. 여기까지로"
2024년 5월 20일 저녁 9시 30분, 해외여행 전문가인 이 대표는 여행을 멈추는 것이 현명할 것 같다고 알려왔다. 홀로 해외 배낭여행 경험이 전혀 없었으며, 여행 준비 대부분을 이 대포에게 의지하고 있던 처지라 무척 당황했다.

그런데 다음 날, 놀랍게도 뇌에서는 '혼자라도 여행을 가야겠다'라는 충동이 일어나고 있었다. 순간 나에게 놀랐다.
먼저 여행 일정표를 다시 만들었다. 타슈켄트와 부하라 사이에 히바를 넣고, 마지막은 사마르칸트를 둘러보는 것으로 했다. 도시와 도시의 이동은 가장 안전한 기차로 예매했다. 기차 예매일에 맞게 여행

일을 바꿨고, 기차 시간에 맞게 일정을 변경했다.

그리고 숙소는 이동 동선의 중간 지점에 있으며 조식이 제공되면서 평점이 높은 곳을 선택했다.

파미르고원 여행에 대비해 처방전을 받아 상비약을 구매했다. 병원에 들러 의사와 상담하면서 비로소 여행을 떠난다는 기대감이 생겨 한껏 들뜨기도 했다.

5월 28일, 두근거리며 타슈켄트행 비행기에 탑승했다. 10시 10분, 드디어 비행기는 움직이기 시작했다. 그리고 현기증을 느끼는 순간, 내 몸은 하늘로 올라가고 있었다.

기내식을 먹고 잠에 들었다. 얼마나 지났을까! 불현듯 눈을 떴고, 본능적으로 유리창을 바라보았다. 흰 구름을 이고 있는 눈 덮인 산이 보였다. '와!'하는 가는 감탄사가 저절로 나왔다.

공항에서 숙소까지 길어야 20분이면 충분했지만, 나는 3시간이 넘게 걸렸다. 그래도 다행히 숙소에 도착했고, 푸른 하늘을 바라보며 식당에서 저녁 식사도 주문했다.

일본인 유나(Yuna)를 만나 함께 아미르소이(Amirsoy)에 다녀왔다. 비록 하루 여행이었지만, 유나와의 동행은 타지에서 이방인과의 소통이 때로는 흥미진진한 여행으로 연결될 수 있음을 알게 되었으며, 더불어 자신감이라는 선물도 함께 주었다.

기차여행은 불편하기만 했다. 길거리 음식으로 배탈이 난 상황에서의 16시간은 정말 견디기 어려웠다. 하지만 히바의 이찬칼라(Ichan Qula)에 들어서는 순간, 불편한 기억은 눈 녹듯 사라졌다. 칼타 미노르 미나렛과 푸른 하늘의 만남에 발길이 떨어지지 않았으며, 팔라본 마흐무드 영묘에서 기도를 드리는 여성의 모습에 나는 움직일 수 없었다. 그녀의 숭고한 모습에 나도 10분이 넘게 그 자리에 서 있었다.

카라칼파크스탄 지역에 있는 3개의 토성(Qula)은 세월의 무상함을 느끼기에 충분했다. 특히 아야즈칼라에서 보게 된 '바람에 움직이는 모래'에 감동했다.

부하라에 있는 4개의 무역 돔은 아름다웠다. 특히 팀 압둘라 칸은 세상에서 가장 호화로운 카펫 전시장이었다. 포이칼란 단지는 실크로드 시기에 번성했던 부하라를 충분히 예상하게 했다.

티무르 제국의 수도였던 사마르칸트는 레기스탄으로 모두가 설명되었다. 그 크기에 주눅이 들었다. 구르 아미르 광장과 비비하눔 모스크도 마찬가지였다. 그러던 마지막 날, 토마스를 알게 되었고, 그와 함께 국경을 넘어 타지키스탄으로 이동했다. 그리고 7 Lakes와 이스칸더쿨 호수(Iskanderkul Lake)를 함께 갔다. 7 Lakes는 거친 도로를 넘어서야 만날 수 있는 산속의 일곱 개 보석이었다. 이스칸더쿨 전망대에서 우리는 숨 쉬는 것도 잊은 채 그저 멍하니 서 있었다.

한국인 부부와 인도인 라그후와 함께 9박 10일의 파미르 고원 투어를 나섰다. 칼라이쿰에서 아프카니스탄 소녀와 손 인사를 했다. 우리는 호로그에서 와칸벨리를 향해 달렸다. 온천에서 피로를 풀었고, 토성에서 와칸회랑의 웅장함을 바라보았다. 랑가르의 환경은 열악했다. 겨울 외투를 걸쳐야 했고, 세면도 마음대로 할 수 없었으며 침낭에서 잠을 자야 했다. 한국인 부부는 계속 설사를 했고, 나도 속이 불편했다.

알리츄르로 이동하는 길은 더욱 험했다. 해발 4,344m의 카르구쉬 고개를 넘어 블룬쿨 호수로 이동했다. 물이 있는 호수 주변을 제외하고는 풀 한 포기 자라지 않았다. 도착한 알리츄르는 허허벌판에 허름한 건물이 듬성듬성 들어서 있었고, 호흡이 어려워지기도 했다.

컨테이너 시장으로 알려진 무르갑을 거쳐 파미르 하이웨이의 가장 높은 곳인 해발 4,655m의 악바이탈 고개를 넘었다. 눈이 내리는 악바이탈 고개에서는 산과 하늘을 분간할 수 없었다. 그리고 키르기스스탄인이 사는 카라쿨에서 타지키스탄의 마지막 밤을 보냈다.

키르기스스탄으로 국경을 넘었다. 지형이 극적으로 달라져 이곳 산은 푸르름으로 가득했다. 풀과 꽃이 넘쳐나는 유르트에서 밤을 보내고는 오쉬로 향했다. 3,600m 고지에서 600m 고지를 3시간 만에 내려왔다. 사리모굴은 겨울이었으나 오쉬는 여름이었다.

극한 자연환경에서 살아가는 강인한 사람들을 만났다. 더불어 끝이 없는 장엄한 설산을 바라보고 거닐어 보는 순간은 짜릿하기만 했다. 황무지와 사막, 산사태와 낙석의 위험이 도사리고 있는 도로와 더불어 파미르고원은 하늘과 가장 가까운 정원이었다.

처음에는 3인이었으나, 결국 혼자 중앙아시아 3개국 배낭여행을 하게 되었다. 홀로 떠난 첫 해외 배낭여행의 시작은 두렵고 낯설었다. 하지만 한 달을 버텨야만 했다. 소통을 시도해야 했고, 스스로 찾아가야만 했다. 그러는 사이 현실에 조금씩 익숙해졌으며, 오히려 즐거움의 연속이었다.

타슈켄트의 그 숙소의 소파에서 단잠을 자며 이번 여정의 마지막 아침을 보냈다. 킬리만자로산을 오르고 있는 나의 모습을 상상하면서.

차 례

서문      005

## 제1부 한국에서의 준비      012
세 남자, 그리고 멀구지 | 팔봉능선의 시간들 | 검단산의 어둠속에서
동반자의 하차 | 시리의 선택

## 제2부 실크로드의 도시들
### 제1장 설렘의 시간-타슈켄트      030
설렘의 시간-타슈켄트 | 관문속으로 | 초르스 바자르와 향과 음식
아침이 기다려지다 | 푸른 돔과의 첫만남 | 유나와의 밀행 | 무덤과 성벽
길거리 음식에 넘어지다 | 고난의 기차 여행

### 제2장 은둔의 도시 히바      071
이찬칼라 위에서 | 히바 여행의 시작, 서문 | 약속을 지킨 왕
'콸라'를 향해 | 버킷리스트를 만나다 | 유르트 마을과 히바의 일몰

### 제3장 무역돔을 향하여 - 부하라      103
카라반의 흔적을 지나 | 흥이 많은 사람들 | 금요일 12시의 의미
왕의 자리에 앉아 | 포이칼란 단지에 서서

### 제4장 레기스탄과 만개의 시선들 - 사마르칸트      125
왕의 무덤, 그리고 샤흐진다 | 황금과 권력 | 레기스탄과 만개의 시선들
여행 전도사 토마스를 만나다

## 제3부 판 마운틴의 호수들
### 제1장 일곱개의 다이아몬드 - 7 Lakes      146
국경 넘기 | 드디어 7 Lakes를 향하다 | 일곱개의 다이아몬드
Lakes를 떠나며

## 제2장 세모난 Iskanderkul Lake    168
이스칸더쿨을 향해 | 세모난 이스칸더쿨 | 이스칸더쿨의 네 얼굴
엄마와 아들 | 떠나가는 토마스 | 두샨베를 향하여

# 제4부 파미르에서 파미르까지
## 제1장 와칸 밸리 속으로    196
출발하는 사람들 | 아프카니스탄 소녀들 | 산사태와 파미르 하이웨이
관문의 도시 호르그 | 활주로를 내려보며 | 하늘 정원에 서서
요새와 온천 | 랑가르와 여행자의 궁합 | 엥겔스 봉을 오르다

## 제2장 검은 호수 너머에    231
카르구쉬 고개를 넘어 | 블룬쿨과 야식쿨 호수 | 황량한 알리츄르
적막을 깨는 공연 | 고산병에 붙들리다 | 컨테이너 시장, 무르갑
사랑의 악-바이탈 고개 | 검은 호수 카라쿨
타지크에 사는 키르기스 사람들 | 국경과 국경 사이
탈틱을 넘어 오쉬로 | 마지막 관문으로

## 참고문헌    277
## 부록    278
우즈베키스탄의 이슬람 건축 요소들 | 허가증
파미르 고원 여행을 위한 체크리스트 | 파미르고원의 고도와 거리, 이동시간
중앙아시아 3개국의 계절별 평균 온도 | 파미르고원의 동물 | 참고 홈페이지
참고 블로그 | 참고 동영상 | 돔 내부 사진 | 우즈베키스탄의 카펫 | 여행 일정표

제1부

# 한국에서의 준비

## 세 남자, 그리고 멀구지

2019년 12월 15일, 전남 보성군 벌교읍의 상진항에 여섯 사내가 모였다. 장도가 모 섬인 '멀구지'에 가서 현재 무인도인 그곳에 농막을 짓는 것이 우리의 목적이었다. 배에 자재를 싣고 멀구지의 백사장에 내린 후 농막이 들어설 장소까지 손수 옮겼다. 준비한 텐트에서 첫날밤을 보냈다. 남부 지역이었지만, 12월의 밤공기는 차갑기만 했다. 그렇게 3일을 보낸 후 18일에 멀구지를 빠져나왔다. 2020년 1월 14일부터 2차 공사를 진행했다. 3차 공사였던 2월 7일에는 건물의 틀이 세워졌다. 그리고 6월 18일, 드디어 농막이 완성되었다. 우리는 멀구지의 백사장에서 한 사람씩 뛰어오르는 퍼포먼스를 펼치며 그 기쁨을 만끽했다.

일행의 본거지인 낙안읍성 민속마을에서 축하 파티를 겸한 저녁 식사 도중에 인향회 박 회장은 제안했다.

"추운 겨울에 야영도 하면서 힘겹게 농막을 완성했는데, 그 기념으로 '파미르고원' 여행을 갑시다."

"좋죠!"

"당장은 어려우니 3년 후에 갑시다."

"그럽시다."

이렇게 3년 후 파미르고원 여행 계획이 만들어졌고. 박 회장과 이 대표는 즉석에서 찬성했다. 이 대표는 날짜를 확정해야 한다며 2023년 6월에 출발하는 한 달 여정을 제안했고, 박 회장은 수락했다.

## 팔봉능선의 시간

2022년 6월 10일, 이 대표와 '파미르 고원의 역사와 문화 산책'의 저자인 김규현 작가의 전시회에 갔다. 파미르 여행 정보를 듣기 위해서였다. 김규현 작가와 여러 대화를 나누었으나, 그가 말하는 지명과 용어와 내용은 생소하기만 했다.

해외여행과 야영 전문가인 이 대표는 제안했다.
"파미르고원에 가기 위해서는 제일 먼저 몸을 만들어야 하고, 가장 좋은 방법이 등산이에요."
나는 즉석에서 동의했고, 7월 3일부터 산행을 시작했다. 하남 검단산과 과천 청계산, 관악산과 북한산을 올랐다. 마천역에서 남한산성을 거쳐 용마산을 올라 검단산으로 내려오기도 했다.

7월 31에는 사당역에서 출발해 연주대와 팔봉능선을 거쳐 관악산역에 도착했다. 장군바위와 왕관바위를 거치는 코스였는데 가장 정감있게 다가왔다. 난이도도 적당했으며, 개성을 뽐내는 8개의 바위를 어루만지는 재미가 쏠쏠했다.

훈련이라 여기면서 그 코스를 매주 반복했다. 사당역에서 연주대까지는 계단이 여러 개 있다. 계단을 오르면서는 특히 멈추지 않았다. 시작하면 마지막까지 숫자를 세며 쉬지 않고 올랐다. 처음에는 거의 일주일가량 몸이 뻐근했다. 그러나 반복된 산행은 몸을 가뿐하게 만들었다. 그리고 사당역에서 한 번도 쉬지 않고 연주대까지 오르는 순간이 찾아왔다.

이 대표는 검단산 산행을 제안했다. 그가 손수 준비한 샐러드와 과일을 먹으며 산행을 마쳤다. 관악산도 함께 올랐다. 그는 '파미르고원 여행은 야영 장비가 있어야 한다'라고 하면서 관련 장비를 알려줬다. 6L 배낭과 텐트, 스틱과 침낭을 샀다. 버너와 코펠을 비롯한 장비를 하나하나 구매했다.

## 검단산의 어둠속에서

"성실씨! 우리 야영을 함께 해볼까요?"
"네, 좋습니다."

10월 28일 저녁 9시경에 우리는 검단산으로 향했다. 헤드램프에 의지한 채 산길을 걸으면서 바라본 서울 야경은 눈이 부셨다. 정상 부근에서 텐트를 쳤다. 다음 날 새벽, 일출도 정말 아름다웠다. 이렇게 처음으로 내 텐트에서 야영으로 아침을 맞이했다. 이 대표는 다시 물었다.

"성실씨! 내년에 확실히 파미르고원 여행을 갈 수 있죠?"
"네, 그럼요."

그는 박 회장에게 전화했다. 그런데 박 회장은 갈 수 없다고 했다. 나는 두 명이라도 가겠다고 했다. 이 대표도 동의했다.

그런데 14kg의 배낭 무게가 만만치 않았다. 산에서 내려와 점심 식사를 위해 찾은 식당에서 나는 졸았다. 어깨는 아팠고, 무릎은 뻐근했다. 가까스로 집에 와서는 그대로 잠이 들었다. 후유증은 4일이 넘게 이어졌다.

11월 8일 저녁에는 혼자 검단산에 올랐다. 텐트와 낙엽은 바람에 의해 계속 속삭였다. 그 소리는 꼭 동물이 지나가는 것처럼 느껴졌다. 바람은 밤새 불었다. 산에서 맞이하는 새벽은 신선했으며, 경쾌했다.

12월 17일 저녁에도 이 대표와 검단산으로 향했다. 그날은 서울이 낮에도 영하 6℃, 가장 낮은 온도는 -12℃였다. 검단산 입구부터 손이 시려왔다. 장갑을 꼈지만, 스틱을 잡은 손가락은 자꾸 굳어만 갔다. 등산복 소매로 스틱을 잡았지만, 불편하기만 했다. 가까스로 눈길을 걸어 야영 장소에 도착했다. 텐트를 쳤다. 은박지를 깔고 에어매트를 펼치고 라이너를 착용하고 침낭 안으로 들어갔다. 준비한 방한복도 껴입었다. 그런데 12시경에 잠에서 깼다. 매트와 몸이 맞닿는 부분으로 한기가 몰려왔다. 뒤척여보았지만 그때뿐이었다. 잔뜩 웅크리고는 겨우 밤을 지새웠다.

아침에 텐트를 개는 것은 더욱 고난의 시간이었다. 한기는 장갑으로 마음껏 들어왔고, 프레임을 잡을 때마다 손이 깨질 것만 같았다. 호주머니에 넣고는 손이 풀리면 다시 텐트 개는 것을 반복하며 겨우 장비를 배낭에 넣을 수 있었다. 절실하게 느꼈다. 손을 보호하고 한기를 막아줄 장비가 필요함을, 추운 곳에서 야영하려면 적절한 장비가 필요하다는 것을.

그 보상이었을까! 영하의 기온과 바람은 나무에 고드름을 만들어냈다. 아침 햇살이 통과하면서 상고대는 붉게 물들었고, 붉은 고드름은 꾸역꾸역 걸어가던 나에게 힘을 전해주었다.

## 동반자의 하차

이 대표와 본격적으로 여행 계획을 세우기 시작했다. 파미르 고원 여행은 오쉬-두샨베와 두샨베-오쉬 코스가 있는데, 이 대표는 두샨베-오쉬 코스를 추천했다. 그는 오쉬에서 다음 날 4,500m가 넘는 곳을 지나게 되는데 고산병의 위험이 더 크다고 했다. 더불어 파미르 여행 방법에는 렌트와 투어(자동차+드라이버)가 있는데, 현재 우리의 조건으로는 투어가 좋겠다고도 했다. 나는 동의했고, 이를 반영해서 한 달 일정표를 만들었다. 먼저 우즈베키스탄 여행과 8박 9일의 판 마운틴(Pann Mountain) 야영 산행과 9박 10일의 파미르고원 투어가 주요 일정이었다. 정말 가고 싶은 장소인 7 Lakes와 이스칸더쿨 호수는 상황에 따라 조정하기로 합의했다. 이 대표는 일정에 맞는 항공권과 투어와 숙소 예약을 담당했다.

4월 20일에는 타지키스탄의 파미르고원 여행에 필요한 GBAO (Gorno

-Badakhshan Autonomous Oblast) 허가증을 신청했고, 5월 1일에 이메일이 도착했다. 드디어 여행에 필요한 서류가 모두 완성되었다.

우리는 2024년 3월 30일 밤에 만나 검단산에서 야영을 시도했다. 4월 6일 저녁에도 활짝 핀 벚꽃을 보며 검단산으로 향했다. 텐트에서 막걸리를 마시며 1달 여행에 대한 전의를 다지기도 했다.

그런데 5월 20일, 이 대표는 '이번 여행을 함께 하는 것은 무리라고 생각한다'라고 문자를 보내왔다. 순간적으로 어찌할 바를 몰랐다. 혼자 해외여행을 해본 경험이 없었고, 사실 준비를 포함하여 거의 모든 부분을 풍부한 해외여행 경험과 수준급 실력의 배낭여행 전문가인 이 대표에게 의지하고 있었다.

2020년 6월 18일의 계획이 물거품으로 돌아가는 순간, 여러 생각이 교차했다. 먼저 포기라는 단어가 떠올랐다. 한 달 여행을 알렸던 사람들도 지나쳐갔다. 그래도 시도를 해보자는 생각이 들었지만, 불안이 엄습해 왔다. 비행기를 타는 순간부터 예약하고, 낯선 길을 걸어야 하는 모든 순간이 가슴을 짓눌렀다. 이러지도 저러지도 못하는 처지가 되었다.

서로 관점의 차이가 있어서 여행을 함께 할 수 없을 수도 있다. 그렇다면 나에게 연락해 상의는 해야 하지 않을까? 박 회장과 통화해 의견을 모았다는 이 대표의 문자는 나의 내면을 자극했다. 왜 '당사자가 아닌 3자에 의해 선택, 그리고 결정되었다는 통보를 받아야 하는가? 라는 의문이 들었다.

　나는 순간적으로 포기하면 안되겠다는 감정이 올라옴을 느꼈다. 오기가 생겼다. 이대로 주저앉을 수는 없었다.

　결국은 나 혼자이며, '나의 선택만이 남았다'라는 생각이 스쳐 지나갔다.

## 성시리의 선택

다음 날 아침, 혼자라도 가야겠다는 생각이 불현듯 들었다. 이 대표에게 문자를 보냈다.

"처음 계획대로 한 달 여행을 다녀오려고요. 항공권은 그대로 사용하려고요."

일정표를 다시 만들었다. 현재 상황에서 가장 중요한 것은 안전이라고 여겨 준비의 최고 가치로 두었다.

혼자는 어렵다고 판단한 판 마운틴(Pann Mountain)의 야영 산행은 취소했다. 대신 우즈베키스탄의 히바를 추가하고 부하라와 사마르칸트 일정은 늘렸다. 적응 기간이 필요하니 '며칠은 느슨하게 일정을 세우는 것이 좋겠다'라는 조언도 받아들였다.

숙소는 '최대한 주요 여행지와 가까운 곳을 선택하면 좋다'라는 의견을 따랐다. 더불어 조식이 제공되며 평점이 높은 곳을 선택하여 예약했다. 도시와 도시의 이동은 열차가 가장 안전하다고 판단하여 미리 예매했다. 택시나 버스도 가능하겠지만, 정보도 부족했고 솔직히 자신이 없었다. 심지어 열차 시간표에 맞게 일정을 수정하기까지 했다.

중앙아시아 여행의 팁을 알려준 유튜브 채널인 '수길따라'를 참조했다. 해외여행에서 '모바일 앱을 잘 활용하는 것이 중요하다'라는 조언에 충실했고, 큰 힘이 되었다. 얀덱스 고(Yandex Go), 번역, 여행용 가계부, 환율 계산기, 맵스 미(meps.me), 부킹닷컴, What's App과 우즈베키스탄 기차 예매 Uzrailway tickets 앱을 설치했다.

짐을 꾸리면서도 고민은 이어졌다. 캐리어를 선택해야 하나, 아니면 배낭을 메고 가야 하나? 백패킹 일정이 없어졌는데, 굳이 '배낭을 가져가야 하나'라는 생각이 들었다. 해발 4,000m가 넘는 파미르고원이 염려되어 결국 배낭으로 선택했다. 이것은 정말 탁월했다. 배낭에는 등산화와 침낭, 패딩 상 하의와 바람막이를 넣었다. 헤드램프와 휴대용 정수기를 포함한 일상에서 사용할 물건은 D백에 따로 담았다. 병원에 들러 상비약(항생제, 지사제, 이뇨제, 해열제, 수면제 등)도 처방받았고, 환전도 했다. 보조 배낭과 허리에 차는 파우치도 챙겼다.

마지막으로 타슈켄트 공항에서 해야 할 일을 점검했다. 환전하고 심카드를 구매하고 수화물을 찾아 숙소로 이동하면 된다. 모두 혼자서 처음 해보는 일이라 생각만으로도 가슴이 떨려왔다.

성실한 파미르

제2부

# 실크로드의 도시들

제1장

설렘의 시간 - 타슈켄트

## 관문속으로

    습관대로 5시 30분에 일어났다. 덤덤하게 준비를 마치고는 배낭을 메고 출발해 8시 10분, 인천공항 제1터미널에 들어섰다.
    설렘은 잠시, 어디로 가야 하는지를 몰라 두리번거렸다. 안내소를 찾아가 안내를 받고, 우즈베키스탄 에어웨이즈의 발권 카운터로 걸었다. 사람이 많았다. 한국인도 있었지만, 사람의 대부분은 우즈베키스탄 사람들 같았다. 줄을 선 채로 배낭을 옮기며 발권 차례를 기다렸다. 긴장감 때문인지 배낭의 무게는 전혀 느껴지지 않았다.

    드디어 내 차례가 왔다. 여권을 제시하고 위탁 수화물을 부치고 이름과 좌석 번호가 적힌 항공권을 받았다. 5분을 기다린 후 이동하여 보안 검사와 출국 심사를 마쳤다. 면세구역으로 진입했다. 먼저 탑승 게이트로 이동해 탑승 장소를 확인하고는 면세구역을 둘러보았다. 다양한 시설들이 있었지만, 둘러볼 여유는 없었다. 그저 이리저리 움직였다. 탑승을 기다리며 물 두 병을 마셨다.

탑승구가 열렸다. 길게 늘어선 줄을 따라 비행기에 탑승했다. 드디어 비행기 바퀴는 굴러가기 시작했고, 몸이 들썩거렸다. 현기증을 느끼는 순간 내 몸은 하늘로 올라갔고, 이내 평온이 찾아왔다. 청색 슬리퍼를 신고, 같은 색 구두주걱은 기념으로 주머니에 넣었다.

사각형 팩에 들어있는 주스를 선택했다. 향은 풍부했고 신선했다. 계속 마시고 싶어졌다. 술도 마셨다. 긴장해서인지 졸음이 몰려왔다. 청색 안대를 쓰고 잠이 들었다.

불현듯 눈을 떴다. 본능적으로 창밖을 바라보았고 흰 구름 아래에 눈 덮인 산이 보였다. '와'하는 짧은 탄성과 함께 뛰어내리고 싶은 충동이 일어났다. 순간적으로 여행 준비 과정이 주마등처럼 지나갔다. 설산은 한동안 계속 보였다.

인천에서 타슈켄트까지는 5,399km. 인천에서 10시 10분에 이륙한 비행기는 타슈켄트 공항에 1시 26분, 무사히 착륙했다. 순간 우즈베키스탄 사람들은 박수와 함께 환호성을 질렀다. 나도 따라 박수를 보냈다. 비행기에서 내려 버스를 타고 입국장에 도착했다. 청사의 문을 열고 들어서니 바로 입국심사대가 보였다. 입국 심사에는 35분 정도 걸렸다.

공항 대합실에 들어섰다. 모든 것이 낯설었다. 사람들은 많았지만, 모두 이방인이었다. 허허벌판에 혼자 떨어진 느낌이었다. 어찌할 바를 몰랐다. 공항에 도착해서 해야 하는 3가지가 생각났지만, 어떻게 해야 할지 감을 잡을 수 없었다.

　지나가는 한국인에게 물어 환전소엘 들렀다. 100달러를 숨으로 환전했다. 붐비던 대합실은 서서히 한산해졌다. 먼저 수화물을 찾아 의자에 기대어 두고 상황을 살폈다. 이번에도 지나가는 한국인에게 심카드를 사달라고 부탁했다. 통신사는 유셀(Ucell)을 선택했고, 한 달 여행에 안전하다고 판단되는 데이터 무제한 상품을 가리켰다. 여권을 주고 결재를 했더니 유심이 들어있는 카드를 내주었다. 핸드폰을 매장 직원인 그녀에게 건넸다. 그녀는 빠른 손놀림으로 유심을 교체 장착하고는 핸드폰을 건네주었다. 전원을 켰더니 작동되었다. 검색도 가능했으며, 속도도 양호했다.

　이제 숙소에 가는 일이 남았다. 택시를 부르기 위해 얀덱스 고(Yandex Go)를 작동해 전화번호를 입력했는데도 다음 단계로 넘어가지를 않았다. 세 번을 시도했는데도 마찬가지였다. 어쩔 수 없이 대합실에 있는 택시안내소로 향했다. 예약한 숙소 화면을 보여주었더니 요금을 청구했고, 계산했다. 그는 잔돈과 함께 영수증을 주면서 택시 타는 위치를 가리켰다. 입국장을 나가려는데 누군가가 불렀다. 뒤를 돌아보았더니 수화물 검색대를 가리켰다.
　"한국인이에요?"
　몸이 나의 두 배는 됨직한 직원은 여권을 보고 나에게 손을 내밀며 말했다.

숙소로 향하는 택시에서 바라본 타슈켄트 거리는 정말 깨끗했다. 가로수와 잔디는 공들여 가꾼 정원처럼 보였다. 택시가 도착한 곳에서는 공사 소음이 들려왔다. 아무리 주위를 둘러보아도 숙소가 어떤 건물인지 분간할 수 없었다. 기사에게 전화를 부탁했다. 그는 당연하다는 듯이 통화를 해주었다. 잠시 후 손 흔드는 사람이 있는 입구로 이동했으며, 그는 웃으면서 떠나갔다. 숙소에는 5시경 도착했다. 나중에 알았지만, 공항에서 숙소까지는 택시로 15분 거리였다. 환전과 심카드를 구매하고 택시를 부르기까지 거의 세 시간이 걸렸다. 더불어 택시 요금은 90,000숨이었으나, 얀덱스 택시를 이용하면 1/3이라는 것을 아는 데는 하루면 충분했다.

고개 들어 하늘을 쳐다보았다. 구름 한 점 없는 파란 하늘은 바늘로 콕 찌르면 푸른 물이 뚝뚝 떨어질 것만 같았다. 안도의 웃음이 나왔다. 오후 5시가 넘은 타슈켄트는 아직도 한낮이어서 햇볕은 강렬했다.

저녁을 먹기 위해 길을 나섰다. 나보다 덩치가 큰 낯선 사람들이 도로를 걸어 다녔다. 도로 표지판과 간판의 글씨는 그림이었다. 흰색으로 칠해진 가로수는 어색하기만 했다.
검색했더니 다행히 가까운 곳에 식당이 나타났다. 무작정 식당 문을 밀고 들어갔다. 흰색 와이셔츠를 입고 있는 직원이 다가왔다. 주문을 시도했지만, 원활하지 않아 메뉴판에 있는 그림을 가리켰다.

**제2부 실크로드의 도시들**

20분쯤 지났을까! 접시에 음식이 한가득 나왔다. 먼저 쌀을 먹어보았다. 푸석거렸고, 입안에서 거칠게 돌아다녔다. 튀긴 감자는 감칠맛이 났다. 고기의 육질은 부드러웠으며 향도 뛰어났다. 다행스럽게도 토마토가 들어있는 샐러드와 차는 기름기가 많은 요리의 느끼함을 줄여주었다. 첫 식사는 훌륭했다.

숙소는 공사를 진행하고 있었으며, 주변은 꼭 허름한 뒷골목처럼

느껴졌다. 숙박하는 사람은 나 혼자로 보였다. 5일을 여기에서 머무는 것은 전혀 내키지 않았다. 불편했다. 앱을 작동했다. 조식이 제공되며, 평점이 괜찮은 곳을 골라 예약했다. 예약한 숙소에 메시지를 보냈다.

"내일 아침 9시에 체크인할 수 있나요?"
"네, 문제없어요."

한국과 우즈베키스탄은 4시간의 시차가 있다. 여기는 저녁 10시인데 서울은 새벽 2시. 잠은 자야겠는데, 눈은 끔벅거리기만 했다. 우선 충전하기 위해 플러그를 찾았다. 핸드폰은 나를 지켜주는 유일한 동반자다. 핸드폰이 없다면 미아가 될 것이다. 가까스로 잠이 들었다.

다음 날 아침, 주스와 논으로 요기했다. 체크아웃했다. 거주지 등록증도 요청했다. 숙소로 이동하기 위해 얀덱스 택시 앱을 작동시켰다. 장소를 입력한 후 'GO'를 누르니 경로와 요금이 나왔고, 선택하면 택시 위치와 차량 번호, 운전자의 사진과 도착 예정 시간이 표시되었다. 택시가 도착할 무렵이면 지나치지 않게 주의를 기울여 차량 번호를 확인했다. 그리고 손을 흔들어 나의 위치를 알려주었다.

숙소에 도착했다. 정원 사이로 3층의 외관이 보였고, 현관문 위에 상호가 적혀있었다. 밤색 현관문을 당겼다. 마당이 나타났고, 4인용 탁자 2개가 눈에 띄었다. 체크인했다. 이름을 말하고 여권을 건넸다.

제2부 실크로드의 도시들

"한국인이에요?"

"네"

그는 반갑게 맞아주면서 아침 식사도 가능하다고 했다. 배낭을 방에 넣어두고는 1층 식당으로 향했다. 먼저 식사하고 있는 관광객에게 웃음으로 인사하고 자리에 앉았다. 어색했다. 안내인이 다가와 달걀과 소시지가 필요한지 물어보는 것 같았다. 그냥 'OK'라고 했다. 빵에 잼을 발라 먹었다. 과일은 당도가 뛰어났다. 차도 마셨다. 잠시 후 그녀는 계란후라이와 소시지를 가져왔다.

그리고 드디어 가방을 메고 모자를 쓰고 운동화 줄을 당기고는 첫 여행지로 출발했다.

## 초르스 바자르와 향과 음식

택시에서 내려 초르스 바자르를 대표하는 파란색 돔 건물로 들어갔다. 더운 여름이었으나 높이가 30m는 되어 보이는 건물 내부는 시원했다. 1층은 중앙의 기둥을 따라 원형으로 배치된 고기를 판매하는 매장이었다. 2층으로 올라가 견과 매장을 둘러보았다. 2m는 되어 보이는 상인이 어깨동무하며, 진열된 물건을 사야 한다고 항변했다. 결국 말린 대추야자와 아몬드와 건포도를 샀다. 그는 친구라며 손을 내밀었다.

돔 건물 주위에는 생선, 유제품, 채소, 과일, 향신료, 생필품, 옷 등을 판매하는 수천 개의 상점이 혼재해 있었다. 색칠을 한 접시, 카펫, 다마스쿠스 칼, 그리고 다양한 현지 음식도 판매했다.

시장에는 탄디르(Tandir)라는 전통 화덕에서 논(Non)을 굽는 가게도 있었으며, 직접 구매도 가능했다. 방송사에서 촬영하고 있어서 한참을 지켜보았다. 바로 옆은 논을 전문적으로 판매하는 매장이었다. 진열된 지름이 30cm는 되는 논은 빵보다는 정교하게 제작된 작품처럼 보였다.

한국에서 누군가 했던 납작 복숭아와 멜론은 꼭 먹어보라는 조언을 생각하며 과일이 있는 곳으로 향했다. 납작 복숭아와 백색 오디는 당도가 뛰어났다. 흰 오디는 호기심을 자극해 구매했고, 멜론 한 개도 샀다.

초르스 바자르에는 다양한 향신료가 풍부하게 진열되어 있었다. 대부분 부담스러울 정도로 향이 강하게 느껴졌다. 차로 이용한다는 식물의 잎이나 꽃을 말린 제품인데, 사마르칸트산이라고 했다. 사마르칸트 지방에서 생산한 제품이 좋은 모양이다. 때로는 허브처럼 느껴지기도 했으나 역하게도 느껴졌다. 본능적으로 역겨운 향을 멀리해야겠다는 생각이 들었다. 모든 것이 낯선 지금 상황에서 역겨운 향 때문에 음식 먹기가 어려워진다면 더욱 힘든 여행이 될 것이다. 바로 자리를 벗어났다.

며칠 후 다시 들린 초르스 바자르에서 한국인이 반갑게 인사를 해왔다. 그는 사마르칸트에서 오는 길이라고 하면서 하소연부터 해댔다.

"음식이 단조롭고 기름기가 많아 느끼하고요. 이제는 질려 먹을 수가 없어요."

"네, 그러세요."

"앞으로도 일주일이나 남았는데, 어떻게 보내야 할지 모르겠어요." 그리고는 "음식이 입에 안 맞아 여행도 재미가 없네요." 충분히 공감을 해주었다. 그는 '그래도 해봐야죠'라고 하며 떠나갔다. 거북한 향 때문으로 보였다.

음식에 사용되는 향신료는 자연에서 자라는 식물과 관련이 있다. 식물은 현지인의 삶에 도움을 주었고, 사람들은 받아들였다. 둘은 그렇게 상호 적응되었다. 하지만 한국인인 나는 향이 거북했다. 음식으로 받아들일 준비가 안 되었다는 신호다. 음식에서 느끼는 맛의 7할은 향이 차지한다. 음식이 맛이 없는 것은 향에 익숙하지 않을 개연성이 높다.

새로운 음식에 도전하는 '진보적 풍미 추구'를 찬성하며, 그것은 여행의 중요한 요소임이 분명하다. 여행에서 '맛있게 먹기'가 빠진다면 '앙꼬없는 찐빵'이다. 그러나 혼자서 '첫 번째 한 달 해외여행'을 무사히 완성해야 하는 지금은 '보수적 풍미 추구'가 먼저라고 확신했다. 음식에 대한 '진보적 풍미 추구'는 지금의 내 처지에서 실이 많은 선택으로 여겼다.

식당에서 음식은 최소의 양을 주문했다. 삼사는 2~3개 정도, 샤슬릭은 2개만 주문해서 먹었다. 그것으로 충분했다. 내가 수용할 수 있는 양이었다. 마트에서 주스를 사 수시로 마셨다. 저녁 식사를 주스와 논으로 해결하기도 했다. 식당에서의 음식은 느끼하기도, 배속에서 오랫동안 머무르기도 했다. 하지만 주스와 빵은 전혀 그렇지 않았다.
가장 맛있게 먹었던 식사는 따로 있었다. 바로 멜론이었다. 2kg이나 되는 멜론은 당도가 뛰어났고 향도 우수해 식사로 아주 좋았다. 한 달 여행을 하면서 다섯 번이나 저녁 식사 메뉴였다. 피곤하거나 더부룩한 날이면 어김없이 멜론을 먹었다. 멜론은 나에게 훌륭한 음식이었다.

## 유나와의 밀행

"저의 첫인상은 어땠어요."

"당신의 첫인상은 멜론이에요. 당신은 과일을 줄 정도로 친절했고, 멜론을 직접 잘라주기도 했어요. 그렇게 맛있는 멜론은 처음이었어요." 그리고는 "당신과 이야기를 나누면서, 당신의 눈에서 당신이 정말 좋은 성격의 소유자라는 것을 느낄 수 있었어요. 비록 우리는 말로는 거의 소통할 수 없었지만요. 그것은 단순히 말로만 대화하는 것보다 더 중요한 것을 의미해요."

숙소 마당에 놓여있는 탁자에 앉아 있는 일본 여성과 불현듯 대화하고 싶었다.

"저는 한국인이고 이름은 천성실이에요."

"일본인이고, 미국식 이름은 유나(Yuna)라고 해요."

그녀는 영어를 유창하게 구사했다. 초르스 바자르에서 샀던 멜론이 생각났다. 3층으로 올라가 멜론을 가져왔다. 식당으로 가서 칼과 접시를 가져와 멜론 껍질을 깎은 후 속살을 그녀 앞에 놓았다. 그녀는 '오이시'라고 지그시 말하며 웃으면서 먹었다.

인도인 두 명이 합석했다. 그녀는 인도인과 대화했다. 그저 그들의 대화를 이해하려 애쓰며 있을 수밖에 없었다. 마침내 인도인들이 일어섰다. 그녀는 잠시 망설이더니 핸드폰 화면을 두드렸다.

"6월 1일, 아미르소이에 함께 갈 수 있나요?" 곧바로 받았다. "좋아요." 그녀는 내 핸드폰을 가져가더니 카톡 친구 등록을 했다. '유나(Yuna)'라는 친구가 생겨있었다. "앞으로 소통은 여기서 해요." 그리고 그녀는 일어섰다.

다음 날, 그녀에게서 카톡이 왔다. "내일 여행을 위해 택시를 예약했어요. 모두 65달러인데, 30달러만 내세요." 그리고는 "아침 8시에 오기로 했어요. 당신 의견은 어떠세요?"

"저는 좋아요."

"네, 오늘도 즐겁게 보내세요."

"고마워요."

"참, 아침 식사는 7시 30분에 할 수 있게 해두었어요."

"네, 고마워요. 내일 만나요."

아침을 서둘러 먹고 유나와 택시를 탔다. 사실 어디로 가는지도 몰랐다. 무작정 유나와 동행하는 것이었다. 유나와 드라이버가 나눈 대화를 대부분 이해할 수 없었지만, 큰 호수에 간다는 것은 어렴풋이 느꼈다.

 자동차는 약 80km를 달려 아미르소이(Amisoy)라 적힌 주차장에 도착했다. 표를 구매하고 유나를 마주 보며 케이블카에 앉았다. 움직이는 케이블카에서 바라본 주위는 거대한 초원이었다. 붉은 황토색 속살을 내보이는 계곡 사이의 풀과 나무 위를 케이블카는 지나갔다. 멀리 파란 하늘과 설산도 보였다. 그렇게 10분을 올라 케이블카는 멈췄다. 20m를 걸어 케이블카를 옮겨탔다. 10분을 더 올라가 해발 2,290m의 침간산(Chimgan Mountains) 정상에 도착했다. 멀리 설산이 보였다. 유나와 함께 환호성을 질렀다. 텐샨산맥(Tien Shan Mountains)이었다. 누군가의 표현처럼 '영원한 눈 담요'를 두르고 텐샨은 우리 앞에 나타났다. 가까이에서 바라보는 설산은 경이로웠다.

유나에게 사진 촬영을 해주겠다고 했다. 사진을 찍고 있는, 통나무에 앉아 있는, 걸어가고 있는 유나의 모습을 담았다. 푸르게 보이는 하늘이 배경이어서 노랑 배낭을 멘 그녀는 돋보였다.

정상에 있는 스테인리스로 치장한 우주 비행선 모양인 레스토랑도 보면서 우리는 40분이 지나도록 그 주위를 돌아다녔다.
시간이 멈추었으면 하는 마음을 달래며 우리는 내려가는 케이블카에 몸을 의지했다. 촬영한 사진을 모두 유나에게 전송했다.

자동차는 파란 호수가 보이는 곳으로 곧장 내달았다. 그리고 차르박 호수(Charvak Lake) 전망대 앞에서 멈춰 섰다. 산과 산을 가르고 있는 파란 호수는 마치 하늘처럼 보였다.

차르박 호수는 텐샨산맥에서 흐르는 세 개의 물줄기가 원천인 인공호수다. 타슈켄트에 물을 공급하고 전기를 생산하는 높이 168m의

다목적 댐인데, 마치 커다란 자연 호수처럼 느껴졌다. 드라이버는 우즈베키스탄은 바다가 없어 호수 근처가 인기 휴양지이며, 호수로 내려가면 파라솔도 있고, 모터보트로 호수를 직접 둘러볼 수 있다고 했다. 우리는 도로에서 호수를 지켜보는 것으로 만족했다.

드라이버는 넓고 웅장한 레스토랑으로 우리를 안내했다. 하지만 우리가 주문한 음식은 규모에 비한다면 초라했다. 유나가 주문한 삼사 2개와 샤슬릭 1개를 포함해 삼사 4개와 샤슬릭 3개가 전부였다. 샤슬릭과 함께 나온 몇 가닥의 양파는 기름진 음식을 보완해 주었다. 이것으로도 식사는 충분했다.

유나에게 말했다.

"유나! 점심 식사는 제가 살게요."

"아뇨! 각자 계산해요."

"제가 살게요."

"더치페이로 해요."

"음, 유나 덕분에 뜻밖의 즐거운 여행이었어요. 제가 꼭 계산하고 싶어요."

"그렇다면 알겠어요. 고맙습니다."

유나는 오늘 야간 버스를 타고 키르기스스탄의 이식쿨 호수(Issyk-Kul Lake)를 향해 떠난다고 했다. 안녕 유나! 덕분에 해외여행에서 처음으로 동반자를 만나 즐거운 여행을 하게 되었어요. 고마워요. 그렇게 유나는 떠나갔다.

## 길거리 음식에 넘어지다

주거지역과 가깝고 다소 독특한 외관을 지는 크모론 모스크(Kamolon Kosque는)엘 갔다. 관람을 마치고 모스크 밖으로 나오는데, 도로에서 음식을 팔고 있는 소년이 보였다. 그에게로 다가갔다. 때마침 현지인이 말을 걸어왔다.

"한국인이에요?"

"네"

"저는 한 달 전에 한국에서 귀국했어요."

"오! 그랬군요." 곧바로 소년이 판매하고 있는 음식에 대해 질문했다. 그는 이곳의 전통 식품이라고 하면서 하나를 먹어보는 시범을 보여주었다. 병에 담긴 요구르트와 흰색의 사탕을 샀다. 요구르트는 신맛이 났고, 곡물이 씹히기도 했으나 개운하지는 않았다. 사탕에서는 특별한 맛이 느껴지지 않았다. 아이란(Ayran)과 코트(Kurt)였다.

라캇 자미 모스크(Rakat jami mosque)의 강렬한 인상에 한창 취하고 있는 순간 갑자기 뱃속이 더부룩했다. 가스가 차오르는 느낌이 들었다. 서둘러 다음 이동 장소인 타슈켄트 기차역으로 갔다. 화장실에 들락거렸다. 히바행 기차에서도 여러 번 화장실에 가야 했다.

기차에서 목이 말라 현지인에게 물을 얻어 마셨다. 그녀는 빵도 함께 내밀었다. 하지만 먹을 수 없었다. 자다 깨다 반복하는 횟수와 화장실 가기는 비슷했다. 배는 고팠지만, 바나나와 빵과 주스가 지나가고 있었지만, 그저 바라볼 뿐이었다.

히바에 도착해서도 음식을 먹을 수 없었다. 마트에 갔다. 빵과 주스를 사기 위해서였다. 컵라면이 보였다. 그것도 김치라면이었다. 하마터면 '야호'라고 소리를 지를 뻔했다. 바로 봉투에 넣었다. 속소에서 라면을 먹었다. 속이 풀리는 느낌이 들었다.

하지만 가능하면 굶거나 소식했다. 아침에 제공되는 음식도 소량만 먹었다. 그렇게 이틀을 보낸 저녁이었다. 이찬칼라의 한 레스토랑에서 고기 굽는 냄새가 코를 강하게 자극했다. 순간 먹고 싶은 충동이 일었다. 나는 미소를 지었다. 이제 음식을 먹어도 될 정도가 되었다는 신호라 느꼈기 때문이었다. 하지만 더 기다려야 한다고 생각해 그곳을 서둘러 벗어났다.

## 아침이 기다려지다

한국에서는 새벽 5시 30분에 일어났다. 그래야 출근을 할 수 있기 때문이다. 우즈베키스탄의 5시 30분은 한국에서는 9시 30분. 우즈베키스탄의 새벽 5시 30분은 한국의 그것과는 너무도 달랐다.

한국에서 만들어진 생체 시계대로 1시경에 깨었다. 뒤척이며 다시 잠을 청했다. 일어나니 5시 언저리였다. 아침을 먹을 수 있는 8시까지는 세 시간이 남았다. 무엇을 할까?

발소리가 나지 않게 조심스럽게 손잡이를 돌려 방문을 열고 밖으로 나갔다. 이미 날은 훤히 밝았다. 햇빛이 비치는 곳은 벌써 더위가 느껴졌다. 검정 페인트로 칠해진 철로 만든 사각형 난간에는 넝쿨 식물이 아주 작은 꽃을 피워내고 있었다. 벌은 소리를 내며 꽃을 찾아다니느라 바삐 움직였다. 숙소에서 기르던 앵무새 노래도 들렸다. 무작정 복도에 있는 소파에 앉았다. 그런데 그곳은 시원하고 아늑했다. 절묘하게 햇볕도 가려졌다. 나는 이내 잠이 들었다.

다음 날에는 얇은 담요를 가지고 나왔다. 담요를 두르고는 소파에 누웠다. 그리고 눈을 감았다. 건조하고 시원한 공기가 얼굴을 스쳐 지나갔다. 실눈을 뜨고는 꽃을 향해 날아다니는 벌을 보았다. 앵무새 소리는 자장가로 변했다. 모든 것이 낯선 이곳에서 아침의 소파에서 잠을 잘 수 있는 시간은 꿀과 같이 달콤했다.

얼마나 달콤했을까? 한국으로 귀국하는 마지막 날 아침도 나는 이 소파에서 보냈다. 지금도 '소파멍'을 때리던 연한 갈색의 그 소파가 아른거린다.

## 무덤과 성벽

공사 중인 코모론 모스크(Kamolon Kosque) 내부는 어수선했다. 잠겨 있는 외부가 보이는 커다란 문이 눈에 띄었다. 궁금했다. 밖으로 나가 문이 있는 담 방향으로 길을 따라 걸었다. 그런데 놀랍게도 그곳에는 수많은 무덤이 개성적으로 놓여있었다.

한 사람이 보였다. 관리인이었다.
"왜 모스크에 무덤이 있나요?"
"우즈베키스탄 사람들은 유명한 분들의 무덤 옆에 무덤을 쓰면 복을 받는다고 생각해요."
그러고 보니 그가 관리하는 무덤은 깨끗했으며, 완벽하게 정돈된 느낌이었다. 15세기에 세워진 카모론 묘지(Kamolon Cemenetery)였다.

그는 보여주고 싶다는 것이 있다며 나를 이끌었다. 둥근 돔이 건물의 넓이와 같은 건물 지하로 내려갔다. 그리고는 칠나호나(Chillahona)라고 이곳의 용도를 알려주었다. 기도실에는 낮은 탁자 하나와 독서대가 놓여있었으며, 검정 천으로 두른 관들도 보였다.

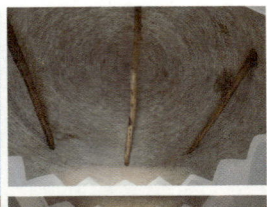

관리인을 계속 따라다녔다. 그는 다른 관리인이 있는 곳에서 멈추었는데, 묘지를 만들기 위해 준비를 하는 중이라고 했다. 황토에 광택이 있고 질긴 마른 식물 줄기를 섞고는 물에 넣어 반죽을 만들고 있었다. 이 재료로 만든 묘지가 비로소 눈에 들어왔다. 광택이 있는 마른 식물 줄기는 햇빛을 반사하고 있었다.

코모론 모스크에서 택시를 불러 기다리고 있는데, 사람들의 무리가 지나가고 있었다. 그 중앙에 흰색 천으로 만든 상여가 움직였다. 한국의 상여보다는 소박했고 단순했다. 택시가 도착해 무덤을 만드는 방식을 볼 수 없음이 정말 아쉬웠다. 택시 기사에게 물었다.

"상여가 흰색인데 어떤 재료를 사용하나요."

"천이에요."

"한국은 상여를 예쁘게 꾸미는데, 장식이 없네요."

"네, 따로 치장하지는 않아요."

히바에서 이찬칼라 위를 걸었다. 바닥에는 햇볕에 반짝이는 마른 식물 줄기가 바람에 날렸다. 성벽을 자세히 들여다보았다. 순간 무덤을 만들기 위한 반죽이 떠올랐다. 무덤을 만드는 재료와 성벽을 만드는 재료는 같아 보였다. 하나는 망자의 영혼을 달래기 위해, 다른 하나는 사람의 침입을 막는 용도였다.

흙 반죽은 놀랍게도 상당 기간 햇볕의 파장과 빗물을 막아주었다. 하지만 시간과 바람은 서서히 마른 식물 줄기와 흙을 바닥으로 떨어뜨렸다.

성실한 파미르

## 고난의 기차 여행

'히바는 도시 자체가 박물관이다'라는 문구가 자꾸만 나를 끌어당겼다. 계획이 변경되어 판 마운틴(Pann Mountain) 트레킹을 할 수 없게 되는 순간 히바를 제일 먼저 경로에 넣었던 이유다.

타슈켄트에서 히바까지는 1,200km. 비행기, 열차, 택시, 버스, 자동차로 가는 방법이 있다. 기차 여행을 선택했다. '우즈베키스탄의 16시간 행복 야간열차'라는 낭만적인 문구도 선택에 영향을 주었다.

오후 6시 15분, 열차는 드디어 움직이기 시작했다. 2층의 침대칸이 내 자리였다. 통로를 사이에 두고 마주한 두 개의 침대칸이 있고, 다른 쪽은 하나의 침대가 있는 구조였다. 내 자리는 하나의 침대가 있는 곳이었다. 자리로 올라가려면 신발을 벗고 벽에 있는 주먹처럼 생긴 발판을 밟고 올라가 머리가 천정에 부딪히지 않게 해야 했다. 바로 위에 짐을 놀려놓는 선반이 있어서 머리가 닿아 허리를 펴고 앉을 수도 없었다. 내려오는 것도 상당한 기술이 필요했다. 머리가 부딪치지 않게 조심하면서 다리를 뻗어 벽에 붙어있는 손잡이를 밟고 난간에 의지한 채 간신히 내려와야 했다. 완벽한 동작을 구사한다고 여겼지만, 현지인들은 웃음을 터트렸다. 이방인의 모습이 어색했을까? 나도 따라 웃을 수밖에 없었다.

저녁 식사 시간이 되었다. 승객들은 논과 삼사를 비롯한 음식을 꺼내 먹기 시작했다. 주전자와 잔을 준비해 차도 마셨다. 곧 열차는 거대한 식당으로 변했다. 더불어 논과 바나나와 과자와 음료수를 파는 사람들의 발걸음도 바빠졌다.

배탈이 나 음식을 먹을 수 없는 처지라 논과 바나나와 주스를 그저 지켜볼 수밖에 없었다.

덥고 좁은 침대칸에서 잠이 들었지만, 곧 일어났다. 겨우 12시가 넘었다. 다시 누워 눈을 감았다. 안쪽으로 당기는 문을 조금 열었더니 바람이 들어왔다. 시원해졌다. 잠이 들었다. 얼마 후 다시금 눈을 떴다. 그런데 입에서 거친 무언가가 느껴졌다. 손에 흙이 묻어나왔다. 옷에도 흙가루가 보였다. 밖을 내다봤다. 모래와 흙이 섞여 있는 황톳빛 황무지였다. 서둘러 문을 내려 닫았다.

목이 탔다. 배낭을 뒤척였지만, 물이 보이지 않았다. 물을 준비하지 않은 것이었다. 한참 기다려도 판매대는 지나가지 않았다. 1층으로 내려와 현지인에게 물 한 잔을 부탁했다. 그녀는 두 잔째 주면서 논 한 조각도 내밀었다. 고마웠지만, 배탈이 나서 음식을 먹을 수 없는 처지였다. 그녀에게 음식을 먹을 수 없는 이유를 알려주고는 거듭 '살라말리쿰'을 외쳤다.

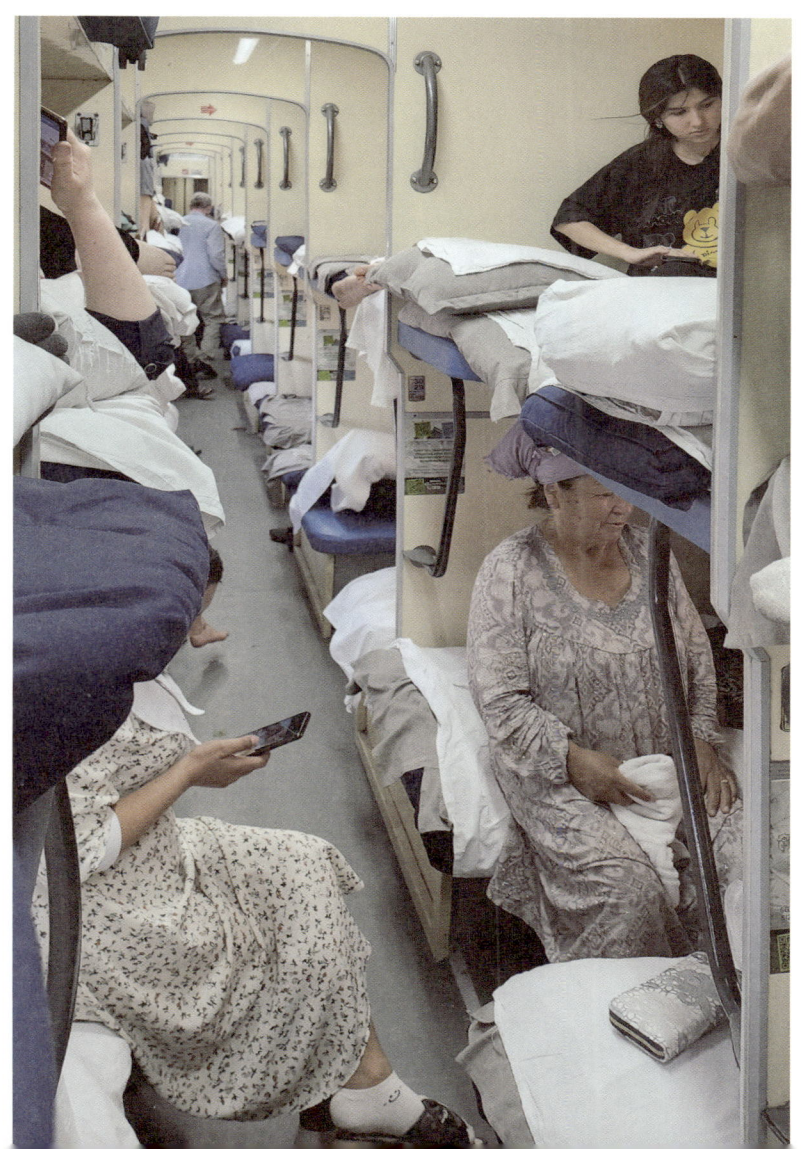

타슈켄트에서 오후 6시 15분에 출발한 열차는 히바에는 아침 10시 30분에 도착했다. 16시간. 타슈켄트에서 부하라까지 9시간, 부하라에서 히바까지는 7시간 거리였다. 부하라에서 히바까지는 거의 사막이어서 끝없는 황무지의 풍경은 변하지 않았다. 황무지인 땅은 우르겐치(Urganch)와 가까워지면서 토지와 수풀로 변했다. 대부분은 경작지였다. 물이 흐르는 수로가 있는 녹색의 땅은 30분이 넘게 이어졌다.

파미르고원 일대에서 눈과 얼음이 녹아 생긴 물은 타지키스탄과 아프가니스탄 국경으로, 그리고 투르크메니스탄과 우즈베키스탄 국경을 지나 우르겐치를 거쳐 아랄해로 흐른다. 길이가 2,400km에 이르는 아무 다리아 강(Amu Darya River)이다. 아무 다리아 강은 이곳의 생명수다. 해가 일찍 뜨고 늦게 지는 날씨와 생명수가 더해져 농사에는 최적 조건의 환경이 만들어졌다.

사람의 대부분은 우르겐치역에서 내렸다. 물과 논을 건넨 그녀도 우르겐치역에서 내려 멀어져갔다.

## 푸른 돔과의 첫 만남

초르스 바자르에서 약 1.5km. 걸어서 가기로 했다. 강한 햇볕이었지만, 가로수 그늘을 따라 걸었다. 그늘이 있으면 제법 시원했다. 공사가 진행 중인 정말 큰 건물이 보였다. '하즈라티 이맘 광장인데 지금 리모델링 공사를 하고 있다'라고 짐작했다. 현장 관리사무소로 보이는 건물에서 누군가 나오길래 다가갔다.

"이곳으로 들어갈 수 있나요?"
"지금 공사하고 있어서 들어갈 수 없어요."
"네."
"대신 위로 걸어가면 기념비적인 건물이 있어요."

300m를 걸었을까! 이색적인 디자인의 건물이 보였다. 낯설고 생소했다. '이렇게 아름다운 건물이 이곳에 있다니!' 서둘러 걸음을 옮겼다.

　그곳에는 사진과 영상으로 미리 보았던 건물들이 그 자리에 있었다. 청색의 돔과 붉은 벽돌이 사용된 건물의 조합은 낯설었다. 푸른 하늘과 건물이 만나는 직선은 오히려 단조로웠다. 놀라웠다. 이것이 이슬람의 건축물인가?

　하즈라티 이맘 광장은 타슈켄트의 종교 중심지이며, 여러 건물이 들어서 있는 건축 단지다. 이 단지는 하즈라티 이맘 모스크(Hazrati imom Mosque), 무이 무보라크 마드라사(Muyi Muborak Madresah), 바락 칸 마드라사(Barak Khan Madrasah), 카팔 샤시 영묘(Kaffai Shashi Mausoleum), 탈라샤익스 모스크(Tillashayx Mosque), 이맘 알 부하리 이슬람 연구소(Imam al-Bukhari Islamic Institute)로 구성되어 있다.

　50m 높이의 원형 첨탑 두 개가 눈에 들어오는 하즈라티 이맘 모스크가 보였다. 비취색의 외관, 예쁜 모자이크와 파란색 타일이 돋보이는 돔과 붉은 벽돌로 치장한 건물이었다.

모스크 내부를 들어가도 되나 싶었다. 망설이다가 머리에 머플러를 쓰고 입장하는 여성 관람객을 따라 서둘러 신발을 벗고 들어갔다. 모스크 내부는 예배 시간이 아니라면 입장이 가능했다.

내부 바닥은 줄무늬가 있는 파랑 카펫이 깔려있으며, 벽과 천정은 흰색 베이스의 웅장한 모습이었다. 무더운 한낮이었지만, 내부는 정말 시원했다. 특히 중앙의 돔이 눈에 자꾸 들어왔다. 거대한 원형 돔에 있는 12개의 창은 환기와 개방감, 그리고 표정이 되어 주었다. 아름답기만 했다.

제2부 실크로드의 도시들

무이 무보라크 마드라사를 한참동안 멍하니 바라보았다. 하즈라티 이맘 모스크에 비해 아주 작은 규모의 건물이지만, 오히려 조화로웠다. 단아하다. 광장에서 입구로 걸어가는데, 안내인이 손짓했다. 서둘러 갔더니 입장료를 받고는 문을 닫았다. 오늘의 마지막 입장객이었다. 이곳에는 이슬람 세계에서 가장 중요한 유물이며 최초의 코란인 오스만 코란 사본이 보관되어 있다. 전시된 코란에는 655년에 그것을 읽다가 살해당한 오스만의 피가 남아있다고 한다. 유네스코 문화유산으로 등재된 세계에서 가장 오래된 코란으로 알려져 있으며, 35Kg, 300여 페이지로 구성되어 있다고 한다. 건물 중앙의 한 단 높은 유리 벽 내부에 코란은 자리하고 있다.

며칠 후 저녁 8시 30분에 하즈라티 이맘 광장을 다시 찾았다.

야경은 황홀했다. 광장의 건물들도 한낮에 비해 친근감이 느껴졌다. 조명을 받은 연한 하늘색의 돔과 진청색의 하늘은 묘한 조화를 이루고 있었다.

그리고 이맘 광장의 저녁은 자전거와 배드민턴과 공놀이를 즐기는 시민들로 가득했다. 한낮의 온기가 느껴지는 대리석을 뒤로하고 광장에서 휴식을 취하는 사람들. 여느 공원과 다름없었다.

저녁 9시가 훌쩍 넘었는데도 한낮의 더위를 식히려는 사람들과 오가는 사람들로 광장은 분주했다. 특히 연한 미색의 히잡을 두르고 붉은 원피스와 검정 원피스를 입고 있는 현지인이 눈에 띄었다. 하즈라티 이맘 광장은 저녁에 오히려 시민들로 인해 활기를 찾고 있었다.

    5월 30일, 택시를 타고 미노르 모스크(Minor Mosque)로 이동했다. 두 번이나 위치를 확인하던 기사님은 서둘러 멈추고는 떠나갔다. 택시에서 내려 멀리 보이는 돔을 따라 걸어야 했다. 무더운 날씨였지만, 그늘이 있는 나무를 따라 공원을 걷는 것은 오히려 시원했다. 스프링클러에서 물이 뿌려지고 있는 공원을 관리하는 분들은 삼삼오오 모여 잡초를 제거하고 있었다. 공원은 개인이 정성 들여 가꾼 정원처럼 느껴졌다.

    "정원이 정말 깨끗하네요."

    "네. 매일 관리하고 있어요."

    "관리하는 사람들이 근무하고 있나봐요."

    "네."

"혹 정원을 깨끗하게 관리하는 이유가 있나요?"

"네. 신은 정원이 깨끗한 것을 좋아해요. 정원을 깨끗하게 관리하는 것은 신에 대한 믿음의 표현이에요."

최근에 지어진 모스크로 보이는 미노르 모스크의 첫인상은 소박했지만, 실제는 화려했다.

2014년 10월 1일에 개장한 모스크는 하얀 대리석 마감의 현대적 스타일이며, 중정 천정과 천정을 지지하는 기둥은 모두 섬세하게 조각한 목재로 치장했다. 온통 흰 건물 중앙의 정원에는 잘 가꿔진 네 그루의 나무가 자라고 있었다. 하얀 대리석과 둥근 나무, 그리고 희색의 상부와 푸른 하늘이 만나는 선은 정말 아름다웠다.

감탄하고 있는데 한국인 관광객이 나타났다.

"저희는 일주일 코스로 여행을 왔어요. 패키지로요."

"네, 저는 혼자 한 달 여행을 하고 있어요."

"배낭여행인가요?"

"네"

"어머! 좋겠어요." 그러면서 "패키지라 가라면 가고 오라면 오고 있어요. 무사히 귀국하세요."

그들은 정말 부러워하는 눈치였다. 낯섦과 두려움으로 순간순간을 보내고 있는 내 처지도 모르면서. 여행이 새로움을 경험하는 것이라면 이 모두가 여행이지만 말이다.

미르조 유수프 모스크(Mirzo Yusuf Mosque)에 도착했는데, 예배 시간이었다. 평상시에 많은 사람이 모스크로 들어오고 있다면 예배 시간임에 틀림이 없다. 밖에서 기다리기로 했다.

1880년대에 지어진 미르조 유수프 모스크는 고풍스럽다. 모스크 내부와 중정 천정은 모두 목재였다. 중정은 조각이 된 나무 기둥이 지지하고 있으며, 세월의 흔적이 물씬 느껴졌다.

모스크 입구에서 예배 관련 제품을 판매하고 있는 사람에게 물었다.

"지금 모스크로 들어갈 수 있나요?"

그는 모스크로 드나드는 사람들 손목에 향수를 뿌려주면서 말했다.

"들어갈 수 없어요. 예배 시간에는 무슬림만 입장이 가능해요."

그러면서 나에게 이슬람 신자가 되게 도와줄 수 있다고 했다. 그리고 이맘을 소개해 주었고, 이맘과 악수하는 영광을 누렸다.

모스크에서 무릎을 꿇고 두 손을 모아 간절히 기도하는 무슬림을 보았다. 사람들을 이끄는 힘이 무엇인지는 모르겠지만, 이슬람을 선택한 사람들의 종교적 믿음은 내가 상상한 그 이상이었다. 더더욱 현실의 삶이 곧 종교적 삶으로 보였다. 매일 하루도 빠짐없이 예배를 위해 기꺼이 모스크를 찾는 사람들. 이들의 종교적 신념은 정말 위대하다고 느껴졌다.

'모든 사람의 삶은 동일한 종교적 요소를 보여주어야 하는가?'라는 질문에 '아니오'라고 말한 윌리엄 제임스는 그 이유가 '모든 사람은 독

제2부 실크로드의 도시들

67

특한 자신만의 관점을 갖고 있기 때문'이라고 했다. 종교적 자유의 표현이리라. 순간 윌리엄 제임스의 말처럼 '종교가 종교를 인정할 수 있을까?' 라는 질문이 나를 휘감고 지나갔다.

성실한 파미르
-

 라캇 자미 모스크(Rakat jami mosque)는 타슈켄트에서 마지막으로 들린 모스크였다. 독특한 외관과 더불어 규모와 화려함과 정교함에 놀랐다. 내부는 거대하고 웅장하여 사람을 압도하는 분위기였다. 2021년 개장한 모스크의 크기는 60m×40m이고, 돔의 높이는 50m다.

 모스크 내부 중앙에 있는 커다란 원형 돔은 핸드폰을 바닥에 바짝 대었는데도 한 화면에 들어오지 않았다. 금요일 기도 시간에는 산소 부족으로 답답해질 정도로 많은 사람이 모인다고 한다.

 중앙이 두꺼운 원형의 긴 아치 8개가 모인 디자인인 흰색 대리석 기둥은 독특했다. 기둥은 중심부가 상·하부에 비해 더 굵은 배흘림기둥 형태였다. 내부에는 2개의 돔이 있는데, 24개의 창문이 있는 큰 돔과 10개의 창문이 있는 작은돔으로 벽체에 의해 분리되어 있었다. 벽체에는 상부가 아치 모양인 문이 5개소 있는데, 중앙에 있는 3개소로 출입할 수 있었다.

    라캇 자미 모스크는 여성을 위한 별도의 기도 공간과 목욕재계를 위한 시설을 갖추고 있으며, 특히 가족과 어린이에 친화적이다. 충분한 주차 공간을 확보하여 접근성이 뛰어나며, 몸이 불편한 사람을 위한 시설을 갖추고 있어 누구나 종교 활동에 참여할 수 있다고도 한다. 이러한 이유로 라캇 자미 모스크는 온라인 공간에서 긍정적인 댓글이 많았으며, 더불어 지역을 대표하는 모스크로 자리매김하고 있었다.

제2장

은둔의 도시 히바

## 이찬칼라 위에서

　10시 31분, 드디어 기차는 히바역에 멈췄다. 여행자와 택시 운전사가 동시에 들어선 광장은 한순간에 사람들로 붐볐다. 광장에 들어선 여행자들은 저마다의 방법으로 길을 재촉했다.
　'히바의 중심지에 숙소를 잡는 것이 편리하다'라는 조언에 따라 예약한 숙소로 걸어서 이동했다.

　숙소에 도착했다. 2층으로 안내를 받았다. 2층은 1개의 방과 식당 겸 휴게실, 그리고 히바를 조망할 수 있는 옥상이 있었다. 그곳은 히바 여행을 위한 최고의 장소였다.

　숙소에서 이찬칼라를 오를 수 있는 표를 구매하는 북문까지는 300m. 표를 산 후 한 사람이 간신히 통과할 수 있는 계단을 올라갔다. 성벽에서 바라본 히바는 고상했다. 서둘러 상단이 삐죽삐죽 솟은

　　벽을 따라 폭이 3m는 되는 우측의 길로 향했다. 흙빛 성벽과 기념비적 건물이 눈에 들어왔다. 모든 시름이 사라지고 마음에 평온이 찾아왔다. 성벽은 직선과 곡선을 그리며 시내를 감싸안고 있었다. 그저 걸었다. 큰 카메라 가방을 메고 모자를 쓴 남자도 걷기만 했다. 자주색 상의에 긴 체크무늬 치마를 입은 여성은 사진기를 들고 멍하니 시내를 바라보았다.

군데군데 구멍이 난 성벽 좌측에 청색 타일로 치장한 미나렛이 보였다. 그녀가 바라보는 지점이었다. 그녀는 한참 동안 그렇게 서 있었다. 반바지에 슬리퍼를 신은 그는 사진기를 들고 셔터를 눌러댔다. 사진기를 들고 이동하는 사내와 달리 그녀는 벽에 몸을 기댄 채 그저 멍하니 바라볼 뿐이었다.

토성이어서 흙인 재료 사이로 보이는 거대한 청색의 타일 건물은 돋보였다. 두 개의 좁고 높은 첨탑과 함께 마드라사도 얼굴을 내밀었다. 우측에는 진한 청록색의 돔 위에 금색의 작은 장식물도 보였다.

이번에는 청바지와 반팔 검정 티를 입은 남자가 멍하니 서 있었다. 그는 한동안 움직이지 않았다.

푸른 하늘과 흰색의 구름을 안은 성벽은 사람의 마음도 가두었다. 화려한 것은 하나도 보이지 않았다. 그렇게 흙으로 된 성벽은 모두를 담아내고 있었다.

실크로드 시절 카라반들도 히바가 얼마나 반가웠을까? 낙타에 짐을 싣고 사막의 실크로드를 걷는 카라반에게 히바는 분명 낙원이었으리라. 오아시스를 만난 반가운 마음의 표현이 지금의 히바에 남아 있으리라. 그 울림은 지금 나에게로 전해지고 있었다.

이번에는 좌측의 길로 향했다.

70세가 넘어 보이는 프랑스 부부는 함께 세계 여행을 다니고 있는데, 히바가 정말 인상적이라고 말하면서 '엄지척'을 했다. 그러면서 사진 촬영을 부탁했다. 기꺼이 사진 촬영에 응했다. 그들은 환히 웃으면서 손을 꼭 잡고 걸어갔다. 너무너무 행복해 보였다.

## 히바 여행의 시작, 서문

사마르칸트, 부하라와 함께 히바는 고대 실크로드의 3대 오아시스 도시 중 하나다. 위치는 서쪽으로 가장 깊숙한 곳이어서 접근이 어렵다. 400km인 부하라에서 히바 사이는 사막인 황무지다. 어쩌면 그것은 지금까지 역사 도시의 면모를 고스란히 물려받은 요인이 되었으리라. 히바의 분위기는 아라비안나이트 그 자체다. 도시 전체가 박물관이었다.

이찬칼라는 히바 시내를 둘러싸고 있는 토성이며, 내부에 대부분의 역사적 건물이 모여있다. 이곳에는 18~19세기에 지어진 50개 이상의 기념물이 있으며, 200개가 훨씬 넘는 오래된 주택이 즐비하다. 가장 오래된 건물은 10세기에 지어지고 1789년에 재건한 주마 모스크(Juma Mosque)다. 마드라사 중에서는 18세기에 들어선 세르가지 칸 마드라사(Sherghazi Khan Madrasasi)가 가장 오래되었다.

성벽은 남북으로 긴 직사각형 형태로 둘레는 2km가 조금 넘는다. 서문에서 통합 입장권을 구할 수 있으며, 서문에서 북문으로 이어지는 도로 주위에 역사적 건물이 집중되어 있다. 서문은 이찬칼라 여행의 시작점이다.

한국에서 이미 '히바에서 꼭 들려야 하는 관람 장소 10개'를 선정했다. 둘러보는 데 1박 2일은 걸릴 것이라고 예상하고 8시 30분에 숙소에서 출발했다. 하지만 점심을 먹기 전에 모두 둘러볼 수 있었다. 역사적 지식이 있었다면 더욱 좋았겠다는 아쉬움에 자꾸 뒤를 돌아보았다.

쿤 아크(Kohna Ark)는 이찬칼라 서문 바로 옆에 있는 요새형 궁전이다. 최초는 12세기에 건립되었고, 핵심부는 17세기 히바의 칸인 무함마드 에렌케(Muhammad Erenke)에 의해 만들어졌다고 한다. 18세기 이란의 공격으로 모두 파괴되었고 지금 모습은 19세기에 재건되었다. 왕이 사용했던 응접실은 매우 화려했다. 현재의 왕좌는 복제품이며, 진품은 모스크바 크렘린에 보관되어 있다.

칼타 미노르 미나렛(Kalta Minor Minorasi)는 짧은 미나렛이라는 의미다. 19세기 중반 무하마드 아민 칸의 시대에 설계상 70m 높이를 목표로 건립되기 시작했으나, 칸의 죽음으로 29m에서 중단되었다고 한다. 전해지는 다른 이야기도 있다. 부하라의 칸은 히바에서 멋진 미나렛을 만든다는 소식을 듣고는 히바의 건축이 끝나는 대로 그 건축가를 불러 부하라에 더 아름다운 미나렛을 짓기로 했다고 한다. 이 소식을 들은 히바의 칸은 미나렛이 다 만들어지면 건축가를 죽이라는 명령을 내렸고, 이 이야기를 전해 들은 건축가는 미나렛을 다 짓지 않고 도망갔다고 한다.

이찬칼라의 서문과 가까운 이 미나렛은 미완성임에도 불구하고 화려한 외장타일로 히바의 모든 시선을 사로잡고 있었다. 지름이 14m가 넘는 칼타 미노르는 바로 옆 무하마드 아민 칸 마드라사와 연결되어 있다. 푸른색 타일과 코발트색 하늘이 만나는 선은 모든 시름을 잊게 해주었다.

제2부 실크로드의 도시들

주마 모스크(Juma Mosque)는 금요일 모스크라고도 하는데, 이슬람에서 금요일은 성스러운 날로 모여서 기도하는 날이다. 10세기에 건설되었으며, 밀폐된 형태의 구조로 평평한 지붕을 한 현재의 모스크는 1788년에 재건된 단층 벽돌 건물이다. 내부의 17줄, 212개의 구조적 역할을 하는 기둥들과 한 지점에서 들어오는 햇빛에 의해 독특한 분위기를 자아내고 있었다. 천정과 기둥 모두 정교하게 다듬어진 목재로 치장하였다.

높이 45m인 이슬람 호자 미나렛(Islam Khodja Minaret)은 히바의 이정표다. 유난히 높은 미나렛의 모습은 이찬칼라 골목 어디에서나 보여 더욱 매력적인 모습이었다. 바닥 지름은 9.5M로 몸통은 위로 올라갈수록 줄어들며, 상부로 갈수록 푸른색 타일은 진해지고 촘촘해져 미나렛을 강조하고 있다.

특히 실크로드 시대에 카라반들에게는 이 미나렛이 얼마나 반가웠을까?

이스람 호자(Islam Khodja)는 1898~1913년 동안 히바 칸국의 대 재상이었다. 1908년 그는 마드라사와 함께 이 미나렛을 건립했다.

입구가 매우 좁고 가파른 나선형으로 이루어진 계단을 통해 미나렛 상부까지 올라갔다. 4개소의 창으로 히바 전체를 조망할 수 있었다. 오르내리는 계단이 위험하기도 하지만, 부하라의 칼란 미나렛(Kalon Minalet)처럼 더 이상 올라갈 수 없게 되기 전에 꼭 올라가 보시기를….

팔라본 마흐무드 영묘(Pahlavon Mahmoud Mausoleum)에는 팔라본 마흐무드, 무하마드 라힘 칸(Muhammad Rahim Khan), 알라 쿨리 칸(Allah

Kuli Khan) 등의 무덤이 있다. 현재 팔라본 마흐무드 영묘는 이슬람 성지이며 유명한 순례지이기도 하다.

나는 조심스럽게 이곳저곳을 기웃거렸다. 그런데 베이지색 히잡을 두르고 황금색 원피스를 입고 조그마한 러그를 팔에 끼고 걸어가는 여성이 눈에 띄었다. 여성을 따라갔다. 잠시 후 그녀는 카펫이 깔린 공간으로 가더니 러그를 펼쳤다. 그리고 러그 끝에 발을 올려놓고 두 손을 모아 가슴 중앙에 대고는 기도를 드리기 시작했다. 움직일 수 없었다. 시간이 멎는 것만 같았다. 그 자리에서 그녀가 기도를 마칠 때까지 그대로 서 있었다. 그녀는 마지막 순간까지 한 치의 흐트러짐도 없이 허리를 똑바로 선 자세로 기도를 드렸다.

기도를 마친 그녀는 러그를 말아 옆구리에 끼고는 야릇한 미소를 지으며 조심히 밖으로 나갔다. 비로소 움직일 수 있었다. 숭고하고 아름다운 긴 시간이었다.

타시카브리 궁전(Toshkhovli Palace)은 1832년에서 1841년 사이에 히바의 통치자인 알라쿨리 칸(Allah Kuli Khan)이 건립한 궁전으로 전체 면적은 80m×80m이다. 하렘(Harem)과 이크라트 카울리(Ichret Khaouli)와 아르즈 카울리(Arz Khaouli) 등의 공간에 9개의 안뜰과 260개 이상의 객실이 있는 것으로 알려져 있다. 4개의 하렘(부인이 거처하는 방)에서 4명의 부인이 생활했다고 한다. 이크라트 카울리에서는 손님이나 대사를 접견했으며, 아르즈 카울리는 재판소로 사용되었다.

궁전의 파란색과 흰색으로 이루어진 기하학적인 꽃 패턴의 타일 장식은 화려했다. 매우 높은 천장이 특징적이며, 나무로 된 천장은 연한 노랑과 연하게 붉은 기가 있는 패턴으로 장식되어 있었다. 크고 화려한 궁전은 알라쿨리 칸 시대의 번영을 말하고 있으며, 그것을 피부로 느낄 수 있었다.

## 약속을 지킨 왕

이찬 칼라 성벽 서쪽 바깥쪽에도 매력적인 궁전이 있다. 바로 누룰라보이 궁전이다. 1912년 아스판다야 칸(Asfandiyar Khan, 1871~1918)이 자신의 아들인 무하마드 라힘 칸 2세(Muhammad Rahim Khan II, 1845~1910)를 위해 지은 궁전이라고 한다. 칸은 궁전을 짓기 위해 당시 거상이었던 누룰라보이(Nurullaboy)로부터 개인 정원지를 구매했고, 누룰라보이는 자신의 이름을 그대로 사용할 것을 조건으로 걸었다고 한다. 아스판다야 칸은 이 약속을 지켰으며, 궁전은 지금도 그의 이름으로 불리고 있다.

동서양의 양식이 모두 가미되어 있는 궁전은 100개가 넘는 방이 있다. 황토색 벽돌과 목재는 꼭 필요한 곳에 그만큼 사용되었다는 느낌을 받았다. 간결한 디자인은 오히려 궁전을 화려하게 수놓았으며, 아름다움을 배가시켰다. 특히 정원이 그러했다. 2층의 테라스가 있는 목조 건물 중앙에는 십자로 난 돌길이 있었고, 그 길은 테라스를 따라

나 있는 길과 만났다. 그렇게 형성된 네 군데 땅에는 잔디가 자랐고, 각 구역에 대여섯 그루의 나무가 자라고 있었다. 잔디와 도로가 만나는 지점에는 꽃을 피운 식물이 노랑 띠를 형성했다. 직선인 사각형의 2층 건물에 갇힌 하늘은 푸른색 돔이었다. 모두가 군더더기 하나 없었다. 필요한 곳에 그것들이 앉아 있었다.

아치 형태로 쌓아 올린 벽돌과 흰색의 원형 돔이 있는 방은 정말 아름다웠다. 중앙에 벽돌로 쌓은 사각형의 기둥과 아치와 중앙에는 돔으로 형성된 구조였다. 기둥에서 시작한 벽돌은 아치와 같은 면으로 쌓아 올려졌으며, 그 위로 원형으로 쌓은 벽돌 끝에 흰색의 돔이 자리했다. 돔은 중앙에 구멍이 있었고, 그곳에서 햇빛이 들어왔다. 덕분에 흰색의 돔은 꼭 간접조명을 설치한 것과 같은 효과를 내었다. 무엇을 위한 공간이었을까? 나는 한참을 이 공간에 서서 상상을 해보았다.

 넓은 궁전은 현재 다양한 전시 공간으로 활용되고 있는데, 특히 히바와 호리즘 지역의 역사와 문화적 풍습에 대한 전시가 많이 열린다고 한다.

## '콸라'를 향해

불현듯 일어났다. 새벽 4시였다. 옥상으로 나갔다. 예배 시간을 알리는 음악 소리가 들려왔다. 동이 트고 있었다. 6시가 되면서 벌써 햇볕은 히바를 지배했다. 이미 밝아진 틈으로 제비도 노래를 불렀다. 옥상에서 바라본 세상은 저마다의 방식으로 소식을 전하느라 분주할 따름이었다. 문득 히바의 일몰과 일출이 보고 싶어졌다.

숙소 주인에게 히바의 일몰과 일출을 볼 수 있는 곳을 물었다. 그는 '콸라 콸라'라고 계속 얘기했다. 무슨 의미인지 이해할 수 없었다. 그는 말했다.
"택시를 타고 갈 수 있으며, 비용은 75달러에요."
"네."
"숙박도 가능한데, 105달러고요."
그리고는 선명하지 않은 사진의 토성과 호수를 가리켰다. 망설여졌다. 그는 내일 오후까지 여부를 알려주면 된다고 했다.

이찬칼라를 모두 둘러본 후 주인에게 내일 '콸라'라고 하는 곳에 가겠다고 했다. 내일 일정이 없는 것도 하나의 이유였다. 사실 그곳이 어떤 곳인지 모르는 상황이었으며, 아무런 정보도 없었다. 단지 그곳에 가면 '한국에서처럼 노을을 볼 수 있겠지'라는 막연한 상상만을 하고 있었다. 돌이켜보면 이 선택은 커다란 반향이 되어 돌아왔다.

제2부 실크로드의 도시들

드디어 빵과 두 종류의 잼을 모두 먹었고, 쿠키와 아몬드, 건포도도를 입에 넣었다. 살구로 만든 잼은 정말 달콤해서 먹을 수밖에 없었다. 6월 2일에 탈이 났으니, 포만감을 느낀 것이 3일 만이다. 하지만 흰색의 발효 음식은 그대로 두었다.

유나(Yuna)가 사진을 보내왔다. 그녀는 히바에서 1,500km 떨어진 이식쿨 호수(Issyk Kul Lake)에 있다고 알려 왔다.

유나는 이식쿨 호수를 떠나 히바와 부하라를 거쳐 사마르칸트를 여행하고, 일본으로 귀국한다고 했다. 20대 후반인 여성 혼자서 해외 배낭여행을 하는 모습이 정말 아름답게 느껴졌다.

**성실한 파미르**

오후 2시경 드라이버인 숙소 주인과 출발했다. 그는 '무슨무슨 팍스탄' 지역에 간다고 했다. 그저 고개를 끄덕였다. 사실 어디에 가며, 그곳에 무엇이 있는지도 모르는 상황이었다.

자동차는 이찬칼라 북문을 빠져나와 한참을 달려 우르겐치에 도착한 후 다리 하나를 건넜다. 아래는 아무다리아(Amudarya)강이었다. 파미르고원에서 출발해 이곳에 도착한 물은 종점인 아랄해로 흘러가는 중이었다.

자동차는 군데군데 하얀 가루가 보이는 비포장 길로 들어서더니 멈추고는 입장료를 내고 다시 출발했다. 잠시 후 그는 손가락으로 흔적만 보이는 토성을 가리키며 토프락 칼라(Topraq Qala)라고 외쳤다. 그가 말한 '콸라'는 토성이었나 보다.

토프락 칼라(Topraq Qala)는 주변보다 우뚝 솟아있어 감시를 위한 요새로 사용되었다고 하나 지금은 심하게 풍화되어 과거의 위풍은 전혀 찾을 수 없었다. 유적 주변은 토양이 흰색으로 덮여 있는데, 이

는 이곳이 과거 바다였음을 암시한다. 토프락은 점토를 의미하는 현지 이름이라고 한다. 과거의 역사와 문화를 모르는 상황에서 보는 현재 모습은 조금 실망스러웠다.

토프락 칼라에서 약 1km를 이동해 멈추었다. 입장료를 내니 도로를 막고 있는 게이트가 열렸다. 키질 칼라(Kizil Qala)에 도착했다.

외벽은 형태가 뚜렷한 곳도 보였으나, 대부분은 무너진 모습이었다. 내부 바닥은 무너진 잔해로 인해 울퉁불퉁하며, 역시 심각하게 풍화된 모습이었다.

드라이버는 무언가 설명을 했지만 이해할 수 없었다. 그저 내 눈에 보이는 그것만을 볼 수 있었다. 하얀 가루가 땅에 있는 것으로 보아 이 지역은 과거 바다였으며, 여기에 있는 성은 지역을 보호하는 기능을 했으리라. 시간이 흘러 성은 서서히 무너져 내렸고, 지금에 이르렀다. 분명히 이곳에 있었던 성도 과거의 한 지점에서는 찬란했으리라.

## 버킷리스트를 만나다

　자동차는 사막 가운데를 가르고 난 도로를 따라 약 25km를 달렸다. 유르트가 보였다. 드라이버는 유르트 앞에서 멈추더니 길 너머의 우뚝 솟은 지점을 가리키며 '아야즈 칼라'라고 외쳤다. 차에서 내려 듬성듬성 작은 풀이 있는 모래 언덕을 바라보았다. 이미 올라가고 있는 한 무리의 관광객도 보였다.

　히바에서 아야즈 칼라(Ayaz Qala)까지는 편도 130km다. 두 개의 토성과 한 개의 호수를 거쳐 자동차로 약 3시간이 걸렸다.

온통 사막인 이곳에서 한낮의 햇볕에 얼굴은 화끈거렸다. 언덕이어서 자꾸 미끄러지는 길이었지만, 10여 분을 쉬지 않고 올랐다. 마침내 정상에 도착했다. 땀 흘려 걸어 올라야 하는 수고로움을 한 방에 날려버릴 수 있는 장엄한 순간이 눈앞에 펼쳐졌다. 두 토성과는 비교할 수 없는 아름다움이 바로 앞에 있었다.

침식되어 가는 모습은 누가 일부러 모양을 낸 것처럼 기하학적인 형태였다. 구멍 뚫린 벽체를 통해 바라본 하늘은 푸른 물이 곧 떨어질 것만 같았다. 강한 햇볕 속에서도 80m×150m 크기의 토성을 한 바퀴 돌았다. 벽체 꼭대기에 오를 수 있는 곳을 발견하고는 서둘러 올라 사막 전체를 바라보았다. 속이 뻥 뚫리는 순간이었다.

한 시간을 토성 위에서 보냈다. 사진을 촬영하고, 마치 굴처럼 뚫

린 원형의 공간에서 하늘을 바라보기도 하고, 손가락처럼 가늘게 비어 있는 지점으로 뛰어가기도 했다. 높은 토성이 만들어낸 그늘에서 물을 마시며 먼 들판을 바라보았다. 때때로 불러오는 시원한 바람은 피로를 몽땅 안고 사라져 갔다.

바람은 사막의 모래를 둥글고 가늘고 곱게 가공한다. 그렇게 시간이 흐르고 흐르면 바람에 스스로 춤을 추는 모래가 탄생한다. 언젠가부터 둥글고 고와서 부는 바람에 물결치듯 춤을 추는 사막 모래와 그 위를 다리가 보이지 않게 빠른 속도로 달려가는 드마뱀을 보는 것이 소원이었다.

모래에서 바짝 마른 줄기를 바라보기도 하고, 바짝 엎드린 채 잎을 펼치며 살아가는 식물을 들여다보기도 했다. 그러면서 유르트를 향해 터벅터벅 내려왔다. 가는 모래가 언덕을 이루고 있는 지점을 걷는데, 마침 바람이 불어왔다. 순간 모래가 움직이기 시작했다.

제2부 실크로드의 도시들

미끈하게 불어오는 바람에 모래는 물결 모양으로 춤을 추기 시작했다. 본능적으로 반응했다. 핸드폰을 모래 가까이에 대고 사진 촬영을 했다.

잠시 후 무언가가 휙 지나갔다. 발길을 멈췄다. 그리고 주위를 둘러보았다. 도마뱀이었다. 사막에 사는 도마뱀. 어미 하나에 새끼손가락 크기의 새끼 둘. 사막 도마뱀은 작았지만, 빨랐다. 어미는 도저히 따라갈 수 없었다. 새끼 중에서 하나가 잠시 멈췄다. 순간적으로 줌을 작동시켜 촬영했다.

그곳에서 한참을 서 있었다. 햇볕은 더 이상 뜨겁게 느껴지지 않았다.

## 유르트 마을과 히바의 일몰

도로를 경계로 아야즈 칼라 맞은편에 있는 유르트에서 거주하는 현지인을 만났다. 마치 친척이 온 것처럼 반갑게 맞아주었다. 어른들은 숯불에 꼬치구이를 하고 있었다. 소녀와 소년들은 내 핸드폰에 관심을 보이며 서로 사진을 촬영해 주겠다고 손을 내밀었다. 포즈를 취하면서 함께 사진 촬영을 했다.

마을에는 10개 정도의 유르트와 두 개의 그네가 있었다. 어른들도 그네 타기에 진심이었다. 그네는 그들의 생활처럼 보였다. 말이 통하지 않은 그곳에서 1시간을 넘게 그들과 어울렸다.

이곳의 유르트는 히바의 유르트와 닮았다. 천장까지 모두 천으로 덮었다. 아마도 사막이어서 모래를 차단하려는 이유였을까?

 오늘 일정의 가장 중요한 부분은 사실 일몰을 보는 것이었다. 이곳에 온 이유였다. 그런데 아야즈 칼라와 바람에 스스로 춤을 추는 모래와 사막 도마뱀을 만나고 나서 굳이 '일몰을 보기 위해 기다릴 필요가 있을까'라는 생각이 들었다. 차로 돌아와 드라이버에게 히바로 돌아가자고 말했다. 드라이버는 저녁 8~9시까지 기다릴 수 있다고 했다. 일몰과 일출을 보는 장소를 물었고, 이곳은 드라이버가 추천한 장소여서 그랬을 것이다. 괜찮다고 하면서 지금 출발해도 된다고 했다. 그렇게 우리는 6시 50분에 유르트가 있는 마을을 떠났다.

 드라이버는 '무슨무슨 파크스탄'이라고 손가락으로 여기저기를 가리키며 말했다. 나는 카라칼파크스탄(Qaraqalpaqstan)임을 한참 후에 알아차렸다. 세 개의 토성은 카라칼파크스탄 자치공화국에 있다. 수도가 누쿠스인 카라칼파크스탄은 우즈베키스탄의 자치공화국이고, 현재는 독립을 추진하고 있다. 동쪽은 키질 쿰(Kyzil Kum)이, 남쪽은 카라 쿰(Kara Kum) 사막이 국토의 상당 부분을 차지하고 있다. 유명했던 아랄해도 반세기 동안 물의 95%가 사라져, 지금은 오히려 환경 피해를 염려해야 하는 실정이다.

　히바에 거의 도착할 무렵, 창밖으로 노을이 보였다. 서둘러 핸드폰을 꺼내 터치했다.

　오늘도 어김없이 음악 소리가 들려왔다. 히바의 마지막 아침을 옥상에서 칼타 미노르 미나렛을 보며 보냈다. 두 종류의 잼을 포함하여 아침으로 나온 음식을 모두 먹었다. 모두가 마치 일상처럼 느껴졌다.

제3장

무역돔을 향하여 – 부하라

## 카라반의 흔적을 지나

실크로드 시기에 중국, 러시아, 인도, 이란 등 중앙아시아를 비롯한 세계 각지에서 온 상인들이 부하라에 들렀다. 시장이 형성되었고, 쇼핑 거리가 세워지기 시작했다. 광장과 교차로에는 당시의 문화와 생활에 어울리는 복잡한 다중 아치형 돔이 들어섰으며, 토키 자르가론(Toki-Zargaron), 토키 살로폰(Toki-Sarrofon), 토키 텔팍 후루숀(Toki-Telpak-Furushon) 및 팀 압둘라 칸(Tim Abdullah Khan)의 4개의 무역 돔이 그것이다.

무역 돔은 모두 건축과 디자인이 독특했다. 특히 카펫을 판매하는 팀 압둘라 칸의 내부는 인상적이었다. 더불어 무더운 여름이었지만, 무역 돔 내부는 시원했다.

든든히 아침을 먹고 라비 하우즈(Lab-i hauz) 광장으로 출발했다. 일정이 하루여서 서둘렀다. 햇볕을 막아줄 챙이 긴 모자를 쓰고 허리에 파우치를 두르고는 숙소를 나섰다. 불과 250m 거리의 교차로에 아치형 입구와 돔이 보였다. 건물에 들어서는 순간, 그 아름다움에 반하고 말았다.

토키 살로폰(Toqi Sarrofon)은 1534~1535년, 샤이 바이드(Shaybanid) 왕조 기간에 건설되었다. 당시에는 환전하는 곳으로 유명했으며, 지금의 명칭도 환전상(Sarrefs)에서 유래했다고 한다. 토키 살로폰은 3개의 도로가 만나는 교차로 위에 4개의 입구와 4개의 돔이 있는 구조다. 도로가 교차하는 곳에 건물을 만들고 사람들이 이동하는 통로로 사용하는 방식은 독특했다. 크기는 25m×24m, 높이는 16.55m 이며, 석재와 벽돌과 목재와 석고 마감이었다. 입구는 모두 아치 형태로, 낙타를 타고도 안전하게 드나들 수 있는 높이였다. 현재는 수공예품, 그릇 및 다양한 기념품을 판매하는 장소로 이용되고 있다.

토키 살로폰은 부하라의 첫인상으로 커다란 호기심이 생겨나게 했다. 벽돌로 쌓은 아치와 천정의 돔과 흰색 석고로 치장한 벽체의 조화가 돋보였기 때문이다. 내부는 시원하기까지 했다. 정말 아름다웠다. 풍선처럼 부푼 기대를 안고 서둘러 발걸음을 옮겼다.

토키 텔팍 후루숀(Toqi Telpakfurushon)은 다섯 개의 거리가 만나는 교차로에 자리 잡은 무역 돔으로 압둘라 칸 2세(Abdullah Khan II)의 시기인 1570~1571년 사이에 건축되었다. 이 건물은 독특한 육각형으로 메인 돔 주변으로 작은 돔으로 둘러싸여 있는 구조이며, 중앙 돔에 출입구가 위치했다. 상부에는 5개의 아치형 벽체가 대칭적인 배열로 중앙 돔으로 연결되어 있으며, 메인 돔의 지름은 38m, 높이는 10m다.

중세에는 모피 모자, 양가죽 코트, 웅장한 직물, 이국적인 터번과 같은 물건을 판매해서 "모자와 장식품의 돔"으로 유명했다고 한다. 장인이 만든 수공예품과 전통 옷을 비롯하여 다양한 기념품을 판매하고 있었다.

팀 압둘라 칸(Tim Abdulla Khan) 무역 돔은 1577년 압둘라 칸 2세(Abdullah Khan II)가 직물 판매를 목적으로 지었다고 한다. 크기는 39m×42m이며, 중앙에 지름 10m의 높은 돔이 있다. 입구는 크고 높은 아치 모양을 하고 있어서 내부는 시원하며, 태양의 빛이 돔의 구멍을 통해 실내로 들어오는 구조였다.

각기 다른 천정 패턴과 형식은 태양 빛과 조명에 의해 명암을 만들었으며, 화려함과 기하학적 명암의 강렬한 느낌은 완벽한 디자인의 카펫을 무색하게 만들기 충분했다. 팀 압둘라 칸은 세상에서 가장 아름다운 카펫 전시장이었다.

　부하라의 무역 돔 중에서 가장 넓은 토키 자르가론(Toqi Zargaron)은 1582년, 압둘라 칸 2세(Abdullah Khan II) 시기에 건축되었다. 당시 번화한 거리의 교차로에 들어선 실내 시장으로 주로 향신료와 보석을 판매하는 36개의 상점이 들어서 "보석상의 돔"으로 널리 알려졌다. 숙련된 장인들은 지붕에 있는 방에서 보석을 가공했다고 한다.

　오늘날에는 목걸이, 반지, 머리 장식 등의 독특한 장신구와 기념품, 골동품을 구매할 수 있다.

제2부 실크로드의 도시들

## 흥이 많은 사람들

나디르 데반베기 마드라사(Nadir Devanbegi Madrasah)는 상인들의 숙소인 카라반 사라이(Karavan sarai)에서 마드라사로 개조되었다. 그래서 전형적인 큰 교실이 없다. 현재는 자수 공예품이나 각종 기념품을 판매하고 있는 매장으로 운영이 되고 있다. 다른 하나의 용도가 있는데, 바로 공연이었다.

마드라사 입구에서 오전임에도 우즈베키스탄 전통 악기를 연주하는 단원의 공연이 펼쳐졌다. 단원들은 짙은 무채색 바지에 흰 셔츠를 입고 연주에 여념이 없었다. 마드라사의 높은 입구는 무대가 되었고, 도로는 춤을 추는 마당이 되었다. 연주에 맞춰 함께 춤을 추는 부하라 시민들의 모습이 정겨웠다. 남녀노소 그들은 손뼉을 치거나, 몸을 흔들면서 음악을 즐겼다. 사람들의 시선은 일제히 그곳으로 모아졌다. 결혼사진 촬영을 위해 들른 예비 신랑 신부도 예외는 아니었다.

 아야즈 칼라에서 히바로 돌아오면서 들른 식당이 불현듯 떠올랐다. 식당 내부에서는 우렁차게 음악이 흘러나왔고, 한 무리의 사람들이 음악에 맞춰 몸을 흔들었다. 음악이 있으면 언제든지 춤을 출 수 있는 사람들인가?
 나디르 데반베기 마드라사 안뜰에서도 상시 공연이 펼쳐졌다. 사회자는 공연자를 소개했고, 현지 뮤지션이 등장해 노래와 춤을 보여주었다. 비어 있는 공간은 관람객에게 즉석에서 춤을 추는 간이 무대가 되었다. 누구나 간이 무대에 오를 수 있었다. 춤은 음악의 다른 표현이다. 그 음악에 맞는 춤이 있기 마련이다. 노래와 현지인의 춤사위는 어색하지 않았으나, 외국 여성의 춤은 음악과는 조금 따로 논다는 느낌이었다.

 팀 압둘라 칸 무역돔 옆에도 넓은 공간이 있었다. 어둠이 찾아오고, 뮤지션은 노래를 불렀다. 음악에 맞춰 흥을 몸으로 표현하는 사람들이 나타났다.

 음악을 춤으로 표현하는 것이 익숙한 우즈베키스탄 사람들은 흥을 즐기는 민족임이 분명하다.

## 금요일 12시의 의미

더위가 한창인 6월 7일 금요일 11시 40분에 도착한 칼란 모스크(Kalan Mosque)는 거대했지만, 단아했다. 그것은 아마도 넓은 마당 중앙에서 자라고 있는 한 그루 나무 때문이었을 것이다.

세월의 흔적이 물씬 풍기는 벽돌로 쌓아 올린 기둥들 사이로 이동했다. 건물 내부로 한참을 걸어가면 청색의 돔 아래에 홀이 있는데, 카펫이 깔려있었다. 뜨거운 햇볕을 피해 카펫에 앉아 하늘을 바라보는 순간은 정말 낙원이었다. 건물과 하늘이 만나는 블루 스카이 라인을 모두는 넋을 잃고 바라보고 있었다. 그런데 누군가 예배드리는 시간이라고 하면서 나가라고 손짓했다. 서둘러 그곳을 빠져나왔다.

　1712년에 지어진 볼로 하우즈 모스크(Bolo Hauz Mosque)는 공원으로 둘러싸인 연못(hauz)이 있으며, 1917년에 지어진 작은 미나렛도 보였다. 그런데 공원에 모인 사람들은 각자 준비한 작은 러그를 바닥에 깔았다. 그리고 울려 퍼지는 목소리와 함께 저마다 기도를 드렸다.
　예배를 마친 후 모스크로 다가갔다. 2층 중정을 받치고 있는 목재로 만든 기둥과 기둥 사이에 깔았던 카펫을 둥글게 마는 작업이 한창 진행되고 있었다.

**성실한 파미르**

돌아오는 길에 칼란 모스크를 다시 들렀다. 청색의 돔 아래에 깔린 카펫은 보이지 않았다. 카펫을 펴는 것은 예배 때문이었다. 칼란 모스크에서는 금요일 정오 전의 잠깐 사이에만 카펫이 깔린 곳에서 앉아 블루 스카이 라인을 볼 수 있는 것이다.

무슬림은 매일 다섯 번(새벽, 정오, 오후, 일몰, 밤) 기도한다. 특히 금요일 정오에는 많은 사람들이 한곳에 모여 기도하는데, 금요일 정오 기도회를 주최하는 모스크를 회중(금요일, Jumu'ah) 모스크라고 한다. 회중 모스크는 공동체 공간으로서 기도와 사회적 참여가 가능하므로 이슬람 지역 사회에서 중요한 역할을 한다고 알려져 있다. 히바의 주마 모스크(Juma Mosque), 부하라의 칼란 모스크(Kalan Mosque), 사마르칸트의 비비하눔 모스크(Bibi Khanym Mosque), 타슈켄트의 하즈라티 이맘 모스크(Hazrati imom Mosque)가 대표적이다.

금요일 12시는 무슬림들이 회중 모스크에 모여, 함께 예배를 드리는 매우 의미 있는 시간이다.

## 왕의 자리에 앉아

부하라의 방주(Ark of Bukhara)는 5세기에 지어진 거대한 요새로 칸이 거주했던 도시였다. 면적은 4만$m^2$, 둘레는 789.6m, 높이는 16~20m인 길쭉한 직사각형 모양이었다.

내부는 크게 박물관, 발굴 중인 현장, 왕이 앉아 있던 자리로 나뉘어 있다. 박물관에는 다양한 공예품과 거주지로 사용됐을 당시의 생활상을 볼 수 있는 기록들이 전시되어 있다. 대관식이 열렸다는 왕좌의 홀(Throne Hall)은 목재로 된 처마를 목재로 만든 기둥이 지탱하고 있는 구조의 회랑이며, 중앙에는 넓은 홀이 있다.

회랑 정면 중앙에는 왕좌가 있는데, 왕의 의복을 입고 기념사진을 촬영하는 장소로 이용되고 있었다. 팔걸이가 있는 황금색 의자는 관광객을 무방비로 끌어들였다. 관광객은 한순간 왕이 되어 저마다의 위엄있는 포즈를 취했다. 왕의 자리에서는 선명한 푸른 하늘과 중앙에 있는 벽의 사각형 프레임인 피스타크(Pishtaq)와 손바닥 크기의 사람들이 보였다.

제2부 실크로드의 도시들

외부로 가는 입구를 지나면 한창 발굴 중인 구역이 있으며, 포이칼란 단지를 포함한 부하라를 조망할 수도 있었다. 가장자리에는 무너진 공간이 있는데, 1920년 부하라 전투에서 폭탄이 투여된 흔적이라고 알려져 있다. 요새 외부에서도 그 흔적은 선명하게 드러나 보였다.

## 포이칼란 단지에 서서

포이칼란은 미르이 아랍 마드라사(Mir-i-Arab Madrasa), 칼란 모스크(Kalan Mosque), 칼란 미나렛(Kalan Minaret)으로 구성된 부하라 여행의 꽃이라 할 수 있는 이슬람 종교 단지다. 포이칼란은 '대왕의 기슭'을 의미하며, 부하라 구시가지의 한가운데에 자리하고 있다.

칼란 모스크는 1121년에 건설되었으나 1220년 징기스칸에 의해 파괴되었고, 칼란 미나렛은 1127년에 완공되었으며 다행히 살아남았다. 현재의 칼란 모스크와 미르이 아랍 마드라사는 1515년과 1535년에 완성되었다고 한다.

건축물은 중앙에 정사각형 안뜰을 두고 미르이 아랍 마드라사와 칼란 모스크는 반대편 끝에서 마주하며 들어서 있다. 이 독특한 레이아웃은 16세기 중앙아시아 광장 건축에 사용되었으며 코쉬(Kosh)라고 부른다. 코쉬는 칼란 모스크의 화려하고 웅장한 외관과 마주하는 거대한 미르 아랍 마드라사와 결합하여 통치자인 우바이둘라 칸(Ubaydullah Khan)의 막강한 권위로 작용하였다. 더불어 개인에게는 '절대적인 위압감'으로 느껴졌으리라.

미르이 아랍 마드라사는 모자이크 타일로 된 마감의 정교함과 거대함은 위압감을 주기에 충분했다. 바라보는 순간 내가 이 자리에 서 있다는 것이 그저 감사할 따름이었다. 그리고 푸른 하늘과 건물이 만나는 선이 너무 아름다워 그저 멍하니 바라볼 수밖에 없었다.

특히 주목할 부분은 2층 규모의 푸른색 모자이크 타일로 마감된 이완(Iwan)이었다. 푸른색 모자이크 타일로 시공된 이완은 뒤편의 푸른 돔과 함께 모스크의 웅장함을 배가시켰다. 외브인은 1층의 한정된 공간까지만 출입할 수 있어서 입구에 난 틈으로 내부를 조금이라도 더 들여다보려고 애쓰면서 아쉬움을 달랠 수밖에 없었다.

중앙아시아에서 세 번째로 큰 회중 모스크인 칼란 모스크는 아르슬란 칸(Arslan Khan)에 의해 1121년에 건축이 시작되었다. 레이아웃은 127m×78m의 직사각형이며, 4면 중앙에 이완이 있는 건물 안의 넓은 안뜰에는 한 그루의 나무가 자라고 있었다. 만 명이 동시에 예배 참여가 가능할 수 있을 정도로 넓은 모스크는 208개의 기둥으로 그

무게를 지탱하고 있었으며, 건물의 지붕은 평평하게 보이지만 288개의 돔이 들어서 있었다.

예배를 드리는 홀 앞에 있는 조그마한 탑은 1220년, 징기스칸에 의해 죽임을 당한 사원에서 공부하고 있던 아이들의 묘지라고 한다. 당시 약 700~900명이 사망했다고 전해진다.

칼란 모스크와 함께 지어진 칼란 미나렛은 1127년에 완공되었다. 높이 약 48m, 하부 지름은 9m로 중앙아시아에서 가장 높은 미나렛이라고 한다. 건설 중 기초를 튼튼하게 하려는 목적으로 3년간의 휴식기를 두었고, 벽돌은 흙과 재를 섞어 달걀의 흰자와 낙타의 젖을 반죽해 만들었다고 한다. 왕관 모양의 상부에는 16개의 오픈 공간이 있다.

첨탑의 벽체는 기하학적이거나 다양한 패턴으로 장식되어 있으며, 역사와 종교적으로 의미 있는 글이 새겨져 있다.

칼린 미나렛은 다양한 용도로 활용되었다. 망루와 전망대였으며 기도 시간을 알리는 아단(Adhan)과 통치 수단으로도 사용되었다. 20세기 초반까지도 범죄자를 상부에서 던져 처형하는 장소로 사용되어 '죽음의 탑'이라고도 했다. 특히 실크로드 시대에는 상인들의 길잡이 역할로 '육지의 등대'로 불렸으며, 미나렛은 지금도 부하라 어디에서도 볼 수 있다. 나선형 계단을 통해 상부까지 올라갈 수 있으나, 현재는 보존을 위해 관람을 금지하고 있다.

신이 인간을 지배하던 시대에 한 인간이 이곳에 들어서면서 자신을 얼마나 연약한 존재라고 느꼈을까? '전지전능한 신이시여'라는 말이 절로 나왔을 것이다. 더불어 비단으로 인해 만들어진 자본은 이동에 필요한 도로의 한 중심이었던 부하라를 당시 세계적 문화 도시로 만들었다. 포이칼란 단지가 이를 대변하고 있으며, 그 규모와 웅장함이 실로 놀랍기만 했다.

## 제4장

### 레기스탄과 만개의 시선들 – 사마르칸트

## 왕의 무덤, 그리고 샤히 진다

하자티 히자 모스크(Hazrat Khizr Mosque)에서 오르막을 올라 우회전 하니 묘지가 나왔다. 묘지는 대부분 돌로 치장했는데, 직사각형 비문에는 약력이 새겨져 있었다. 간혹 사진을 넣기도 했다. 묘지는 200m가 넘게 길 양쪽으로 조성되어 있었다. 이 묘지도 유명한 사람의 묘지 근처에 무덤을 만들면 복을 받는다는 전통이 작용한 듯 보였다.

묘지가 끝나는 곳에서 우측으로 난 길로 들어섰는데, 아름다운 건물이 보여 사진기를 들었다. 함께 걷고 있던 외국인 부부도 촬영에 나섰다. 나중에 안 사실이지만, 샤히 진다 영묘들의 뒷모습이었다. 길을 잘못 들어선 보상치고는 너무 큰 선물이었다. 이슬람 묘지에서 샤히 진다로 출입할 수 있는 길은 막혀 있었다. 우리는 간신히 내부인의 도움으로 샤히 진다에 들어갔다. 그런데 관리인이 막아섰다. 그는 관람하려면 입장권이 필요하다고 했다. 입구까지 걸어와 입장권을 산 후 관람을 이어갔다.

샤히 진다(Shah-i-Zinda)에는 11세기에서 15세기, 19세기의 티무르 제국의 왕족과 천문학자, 이슬람 성인들을 포함한 44개의 영묘가 있다. 샤히 진다가 페르시아어로 '살아있는 왕'이라는 뜻인데, 예언자 무함마드의 사촌인 쿠삼 이븐 압바스(Kusam ibn Abbas)의 영묘가 있기 때문이었다. 화려한 문양으로 장식된 건물들이 줄지어 있으며, 이는 타임머신을 타고 중세의 한가운데로 돌아간 듯한 착각을 불러왔다.

순례하는 사람들과 관광객은 저마다의 목적을 위해 계단을 오르내렸다. 일명 '천국으로 가는 계단'을 올라가면 푸른 건물들이 가장 먼저 눈에 들어왔다. 독특한 푸른 색감과 더불어 새겨진 문양이나 캘리그라피도 섬세했으며 화려했다. '이곳이 정말로 무덤이란 말인가?'라는 생각이 들 정도다.

영묘의 대부분은 이완(Iwan)을 거치면 바로 내부였다. 입구는 화려한 모자이크 타일이나 기하학적 꽃무늬, 각종 패턴, 코란 구절로 수놓아져 있으며, 누구의 묘인지 건축가는 누구인지 등의 정보도 알 수 있었다. 신분의 차이 때문일까? 모자이크 타일, 벽화, 석고 페인팅 등으로 마감된 내부는 화려하기도 하고 순박하기도 했다. 내부 중앙에는 관이 놓여 있었다.

이곳이 무덤이란 사실을 잊을 만큼, 입이 다물어지지 않을 정도로 공을 들인 흔적이 고스란히 드러났으며, 죽음을 표현하는 당시 사람들의 방식이 엿보였다. 익명의 영묘 2번은 개성적으로 아름다웠다.

벽을 치장한 벽돌은 문양이 나타나게 쌓아 그대로 돔까지 이어졌다. 돔 중앙에서 내려오는 펜던트와 조그마한 창문에서 들어오는 햇살이 절묘한 조화를 이루고 있었다. 90%가 소실되었지만, 남아있는 비문에는 '땅은 사람에게 짐이고, 사람은 땅에 짐이다.'라고 적혀있었다.

아미르 부룬둑 영묘(Amir Burunduk Mausoleum)는 관광객들이 두 개의 큰 대문을 열고 입장했다. 복도를 따라 우측으로 돌아가면 20명이 앉을 수 있는 공간이 나왔다. 그곳에서 한 이맘의 인도로 망자의 영혼을 달래려는 예배가 열렸다.

순례를 떠난 것이 메카로 가는 하지와 같다고 말할 정도로 샤히 진다는 이슬람 성지라고 한다. 무슬림의 커다란 영적 의미를 지닌 곳이어서인지 순례자들은 존경하는 인물이 잠들어있는 영묘를 찾아다니며 기도드리고 경의를 표하면서 평온함에 도취된 듯 환한 웃음을 보여주었다. 당일에도 관광객보다 현지인들이 더 많았다. 20명이 넘는 사람들이 가이드의 안내를 받으며 순례에 참여하고 있었다. 특히 히잡을 두르고 원피스를 입은 여성 순례객들이 많았다.

여기에서 죽음은 무거움도, 허무함도 아닌 화려함으로 승화되었다. 그것을 확인하려고 이곳에는 기도를 드리러 오는 이슬람교도뿐 아니라 수많은 여행객들의 발길이 끊이지를 않았다. 무덤이 몰려있는 곳이지만, 샤히 진다에서 의식의 DNA는 생명처럼 이어지고 있었다.

## 황금과 권력

우즈베키스탄 남동부에 있는 사마르칸트는 중앙아시아에서 가장 오래된 도시로 알려져 있다. 실크로드 시기에는 이슬람의 중심이었다. 14세기에는 티무르 제국의 수도였으며, 사마르칸트의 황금기였다. 풍부한 물자는 건축물에 표현되었고, 그중 하나가 황금이었다.

금으로 장식된 틸라 코리 마드라사(Tilla Kori Madrasah)는 17세기인

1646년~1660년에 건축되었다. 이것으로 울르그 벡 마드라사 이후 230년 만에 드디어 레기스탄이 완성되었다.

　마드라사 내부는 많은 관광객으로 인해 사진 촬영이 어려울 정도였다. 바닥은 다양한 색채와 패턴의 대리석이었다. 특히 쿤달 방식인 금박을 입힌 부조가 먼저 눈에 들어왔다. 천정의 돔과 이완, 무카르나스(Mukarnas)와 쿠픽(Kufic)을 포함한 모두에 금박이 입혀있었으며, 업라이트 조명은 모두를 더욱 화려하게 해주었다. 관광객의 대부분은 좀처럼 밖으로 이동하지 않았다. 잠시 당시의 권력에 빙의하고 싶어서였을까? 인간으로 태어나 커다란 권력을 사용할 수 있는 역할을 마다할 사람이 누가 있겠는가! 이곳에서 1시간을 머물렀다.

틸리 코리 마드라사

악사라이 영묘

구르 아미르 광장에 거의 도착할 무렵, 회색빛의 허름한 건물 하나가 보였다. 혹시나 하는 마음에 방문했는데, 의외의 인상적인 무언가가 기다리고 있었다. 1470년대에 지어진 악사라이 영묘(Aksaray Mausoleum)는 티무르 시대의 가족 영묘라고 알려져 있으며, 구르에 아미르에서 불과 30m 떨어진 곳에 있다. 내부의 모자이크와 금박을 입힌 부조는 감탄이 절로 나왔으며, 정말 화려했다. 지하의 벽에서 천정까지 쌓아 올린 벽돌 마감의 원형 돔도 무척 인상적이었다.

내부는 정말 시원했다. 더위를 충분히 식힌 후 이동했다.

구르에 아미르(Gur-e-Amir)는 페르시아어로 왕의 무덤을 의미하며, 티무르(Timur)가 손자 무함마드 술탄(Muhammad Sultan)이 죽은 것을 추모하기 위해 1404년에 지어진 영묘다. 티무르를 포함하여 그의 아들 샤 루크(Shah Rukh)와 미란 샤(Miran Shah), 손자 울그르 베그(Ulugh Beg)와 무함마드 술탄의 무덤이 있다. 티무르 왕조의 가족 묘지인 셈이다.

티무르의 정복 루트 안내판이 있는 상부의 흰색 벽체에 연한 회색의 벌집 모양인 무카르나스(Mukarnas)는 소박했다. 그곳에서 밤색의 완자 살 틈으로 내부를 한 쪽 눈으로 들여다보았다. 틈새 사이로 보이는 내부는 화려했다. 특히 황금색 이완의 화려함은 내부의 조명에 의해 그 위용이 배가되었으며, 입이 다물어지지 않았다.

내부는 금 도금으로 입체적 효과에 의해 황금색의 화려함을 극대화했다. 여기에는 황금 5kg이 사용되었다고 한다.

　관광객의 대부분은 내부로 들어와 거닐다가 앉아서 상부를 바라보았다. 그렇게 한참을 앉아서는 밖으로 나갈 엄두를 내지 않았다. 내부 공간은 마치 블랙홀처럼 사람들의 시간을 모두 빨아들이고 있었다.

구르에 아미르

중앙의 세련된 조각으로 치장한 석관은 화려한 상부와 대비를 이루었으며, 여러 무덤 중에서 검정이 티무르의 무덤이다. 티무르의 무덤은 세계에서 가장 큰 옥 판으로 보호되고 있는데 아랍어로 "내가 일어나면 세상이 떨리라"라는 글귀가 새겨져 있다고 한다.

비비 카눔 모스크(BiBi Khanym Mosque)는 1399년~1404년 사이에 건설된 것으로 티무르 르네상스의 걸작이다. 당시 가장 크고 웅장한 모스크였다. 모스크는 사마르칸트 모든 남성(약 10,000명 입장 가능)이 합동 금요일 예배가 가능하도록 기획되었다. 이것을 가능하게 한 동력은 1399년 티무르의 델리 원정에서의 성공이었다. 엄청난 전리품이 사마르칸트로 향했고, 모스크 건축에 사용되었다고 한다.

1379년에 티무르가 남긴 말이다. "우리의 힘과 관대함을 의심하는 자는 우리의 건물을 바라보아라." 이를 뒷받침하듯 중세 이슬람을 대표하는 역사가 이븐 할둔(Ibn Khaldun)은 그의 저서에서 "왕조가 거대하고 광범위하여 수많은 속주와 백성들을 보유하고 있을 때, 극도로 많은 노동자를 각 지역에서 불러 모을 수 있을 때, 아무리 큰 건조물이라도 건설할 수 있다."라고 말했다.

하지만 당시 거대한 비비하눔 모스크의 돔은 균열이 시작되었고, 석조물이 내부로 떨어지기도 했다. 결국 티무르와 사마르칸트의 쇠락과 함께 모스크는 수 세기 동안 방치되었다. 더불어 1897년에 일어난 지진으로 이완이 있는 본당의 내부는 무너지고 말았다.
　현재 3개의 첨탑은 모두 복원되었으며, 지금도 본래의 모습을 찾으려는 노력은 계속되고 있다.

직선 거리로 800m 떨어진 샤히 진다에서 바라본 비비하눔 모스크

## 여행 전도사 토마스를 만나다

레기스탄에서 500m 거리인 사마르칸트 시티 센터 호텔(Samarkant city center hotel) 매니저인 그녀는 오전부터 안내데스크를 지켰고, 저녁이 되면 다른 사람에게 인계했다.

그날도 하루의 여행을 마치고 숙소로 복귀해서 휴식을 취했다. 불현듯 여행 일정 관련하여 그녀에게 물어보고 싶어졌다. 그녀는 내가 보여준 일정표를 보더니 수정을 해주었다. 그리고는, 샤히 진다길에 카펫을 전시하고 판매하는 매장이 있는 거리가 있는데, 그곳 카펫 품질이 우수하다고 했다. 더불어 두 군데의 여행지도 알려주었다.

다음 날, 그녀가 말해준 카펫 거리를 현지인에게 물어도 대부분 몰랐다. 한참을 헤매다 겨우 알고 있는 현지인을 만났다. 그녀가 알려준 카펫 거리는 비비하눔 사원에서 하자티 하자 모스크 사이의 사거리 좌측에 있었다.

카펫을 전시하는 수많은 매장이 들어선 카펫 거리는 매장마다 화려하면서도 정교한 카펫으로 넘쳐났다. 폭이 3m는 되어 보이는 제품이 매장 입구부터 내부까지 가득 세워져 있었다. 점원은 실크로 만든 제품은 수천 달러까지 하며, 클수록 가격은 올라간다고 했다. 너무너무 아름다워 탄성이 절로 나왔다.

숙소에 와서 지배인에게 말을 건넸다.
"당신은 아름다우며 친절하기까지 해요"
"고맙습니다."
"덕분에 즐겁고 특별한 여행을 할 수 있었어요."
"네, 다행이에요."
"참, 내일 판자켄트로 이동하려고 하는데, 어떻게 하면 좋을까요?"
"얀덱스 택시를 이용하는 것을 추천해요."
"네에"
"필요하시면 말씀하세요. 택시는 호텔 앞에서 출발해요."
거듭 고맙다고 하고는 휴식을 취하러 방으로 들어갔다. 잠시 후 그녀의 호출이 왔다. 그녀는 토마스(Tomas)를 소개해 주었다.

토마스는 국경을 넘어 타지키스탄의 판자켄트로 간다고 하면서, 동행하자고 했다. 바로 승낙했다. 토마스는 다시금 자신의 계획을 설명하려 했다. 곧바로 토마스의 의견에 모두 따르겠다고 했다. 순간적으로 그의 결정에 따라가는 것이 가장 좋겠다는 판단이 들어서였다. 내일 아침 식사를 마친 후 아침 9시에 호텔에서 출발하기로 하고 토

성실한 파미르

마스는 방으로 들어갔다.

    처음 계획은 레기스탄 광장에 가서 국경 가는 택시를 타고, 국경을 넘어 다시 택시를 타고 타지키스탄의 판자켄트로 이동하려 했다. 판자켄트에서 1박을 하고 7 Lakes로 출발해 그곳에서 숙박하고 다음 날 판자켄트로 복귀해 숙박 후 두샨베로 출발하는 경로였다. 그런데 동행인의 존재는 처음 국경을 넘어보는 상황에서 커다란 안도감으로 다가왔다. 더불어 시간과 비용을 절약하는 것이니 이보다 더 좋은 결과는 없다고 판단했다. 지배인에게 거듭 '살라말리쿰'을 외쳤다. 그리고 토마스와의 만남이 나비효과가 되어 다가오리라고는 전혀 예상하지 않았다..

## 레기스탄과 만개의 시선들

페르시아어로 모래 광장을 의미하는 레기스탄(Registon)은 티무르 제국의 핵심 거점이었다. 왕의 포고령을 듣기 위해 모이는 광장이었으며, 공개 처형의 장소이기도 했다. 15세기부터 17세기에 걸쳐 세 개의 마드라사가 들어서면서 드디어 레기스탄의 진영은 갖춰졌다. 레기스탄은 1918년의 지진으로 커다란 손상을 입기도 했다. 다행히 소비에트 시기에 복원작업이 시작되어 소련의 붕괴 직전에 복원작업은 완료되었다.

레기스탄은 8시~23시까지 입장이 가능하며, 건물의 점등 시간은 저녁 8시부터다.

구시가지인 숙소에서 레기스탄까지는 약 600m. 걸어오면서는 레기스탄 광장의 건물이 보이지 않았다. 도로에 벽이 있기 때문이다. 벽을 지나치니 비로소 거대한 건물이 나타났다. 가슴은 두근거렸고, 발걸음은 속도가 붙었다. 서둘러 광장으로 들어섰다. 광장의 중앙에서 넋을 잃고 3개의 건축물을 그저 멍하니 바라봤다. 놀라웠다. 순간 누군가 부르는 소리가 들려 뒤돌아보았다. 안내인이었다. 입장료를 내지 않았다고. 거대한 건물에 압도된 터라 무작정 본능이 이끌리는 대로 후문으로 현지인과 함께 들어왔나 보다. 그가 안내하는 사무실로 가서 입장료를 냈다. 곧바로 관람을 이어갔다. 정문에 있는 많은 사람들의 입장을 대비한 큰 규모의 입장 시설이 비로소 보였다.

오늘은 일요일. 야경을 보기 위해 레기스탄 광장엘 왔다. 마드라사에는 이미 조명이 들어왔고, 많은 사람이 전망대인 계단에 앉아 광장의 야경을 감상하고 있었다. 광장 안에 있는 사람들은 손가락보다 작은 크기였다. 계단을 가득 메운 사람들은 자리에 앉아 저마다의 방법으로 특별한 일요일 밤을 보내고 있었다. 고무줄을 이용해 형광색 몸체를 공중으로 쏘아 올리는 장난감을 파는 상인들은 분주히 움직였지만, 사람들은 그저 눈만 깜박거렸다.

그렇게 시간은 흘러갔다. 일어나고 싶지만 일어설 수 없었다. 거대한 무게를 지닌 그 무언가가 누르고 있는 느낌이었다. 색이 바뀌는 조명을 바라보며, 울려 퍼지는 음악 소리를 들으며 그저 멍하니 거대하고 거대한 건물만을 바라보았다. 고요해서 아무 소리도 들리지 않았다. 숨소리도 내지 않았다. 세 개의 거대한 건축물에 압도된 채 그저 그 자리에 있는 그것으로 충분했다. 그 자리에 있는 그것으로 천상의 벅찬 감동은 완성되었다.

제2부 실크로드의 도시들

한없이 짜릿했으며 행복한 시간이었다. 혼자서 지금까지 여행했던 순간순간이 떠올랐다. 감개무량했다. 부스스 일어났다. 그리고 숙소로 걸음을 옮겼다.

성실한 파미르
-

제2부 실크로드의 도시들

제3부

# 판마운틴의 호수들

제1장

## 일곱 개의 다이아몬드 7 Lakes

## 국경 넘기

식사는 뷔페식이었다. 먹고 싶은 음식을 접시에 담아왔다. 양껏 먹었다. 그리고 곧장 짐을 챙겼다. 배낭을 메고 로비로 나왔다. 매니저인 그녀에게 거듭 고맙다는 인사말을 건넸다. 토마스가 예약해 둔 자동차를 타고 우리는 9시 30분에 출발했다. 국경을 처음 넘는다는 설렘은 호텔에서 자르테파(Jartepa) 국경까지 약 1시간 30분이 어떻게 흘러갔는지 알 수 없게 만들었다.

출국 절차는 여권과 얼굴로 신상 확인 후 여권을 돌려주고, 짐 검사 후 마지막 관문에서 다시 여권을 확인했다. 담당자는 한국인임을 확인하고는 반갑게 인사했다. 그 덕분인지 설레는 감정은 서서히 잦아들었다. 60L 크기의 배낭을 메고 토마스와 함께 국경(자르테파 Jartepa-사라즘 Sarazm)을 넘어 걸어갔다.

250m를 걸어서 타지키스탄 출입국 사무소에 들러 여권을 제시했

다. 신원을 확인하고 또다시 여권을 확인하고는 타지키스탄으로 입국이 허용되었다. 약 30분 정도 걸렸다.

타지키스탄으로 입국하는 순서를 기다리고 있었다. 아이를 안고 있는 여성에게 앞으로 양보했다. 그런데 뒤에 있는 사람들이 순서를 지키지 않고 먼저 가려고 했다. 동행한 벨기에인과 토마스는 "당신도 아이를 안고 있나요?"라고 하면서 차례를 지켜야 한다고 말했다. 토마스는 자기 앞으로 오라고 했고, 입국 심사가 끝날 때까지 함께 해주었다.

타지키스탄 입국을 마친 후 토마스는 배낭을 맡기고 택시를 알아본다고 하면서 사라졌다. 얼마 후 토마스는 어디론가 전화하면서 나타났다. 15분을 기다렸다. 잠시 후 차 한 대가 멈췄고, 토마스는 손을 흔들었다. 그런데 운전사는 사마르칸트에서 국경까지 왔던 사람이었다. 아마도 토마스는 국경에서 택시 운전사와 흥정했을 것이다. 그리고는 자신의 조건에 맞는 운전자를 선택했을 것이다.

다시 3명을 태운 차는 판자켄트로 출발해 점심 무렵에 도착했다, 토마스는 국경보다 저렴하다고 하면서 판자켄트 시내에서 심카드를 샀고, 환전했다. 토마스를 따라 했다.

토마스는 오늘 7 Lakes를 가자고 했다. 숙소에 가면 2명이 기다리고 있다고 하면서 의견을 물었다. 즉석에서 동의했다.

## 드디어 7 Lakes를 향하다

판 마운틴(Fann Mountains)은 타지키스탄에서 가장 아름다운 산맥이다. 5,000m가 넘는 봉우리가 12개나 있고, 고원의 빙하가 만든 호수도 여러 개 있다. 서쪽에는 해발 1,600m에서 2,400m까지 싱(Shing) 계곡의 깊은 협곡에 7개의 호수가 있는데 이를 7 Lakes라고 한다. 1번부터 7번까지 각각 미즈곤(Mizhgon, 속눈썹), 소자(Soja, 그림자), 구쇼르(Gushor, 민첩함), 노핀(Nofin, 배꼽), 추르닥(Churdak, 아기), 마르구조르(Marguzor, 꽃이 만발한 곳), 하조르차쉬마(Hazorchashma, 천 개의 샘)라고도 불린다. 7 Lakes는 Hafe Kul, Marguzor라고도 하며, 하프트 쿨(Half Kul)은 타지키스탄어로 '일곱 호수'를 의미한다. 7 Lakes는 과거 지진으로 인해 형성되었다. 산사태로 흘러 들어간 다양한 퇴적물과 미네랄은 호수에 녹아들었고, 호수마다 독특한 색으로 승화되었다.

숙소에서 출발한 자동차는 판자켄트 시가지를 지나 외곽으로 유유히 달렸다. 불현듯 출국하는 날부터 어제까지의 시간이 스치듯 지나갔다. 처음 여행을 간다는 사실만으로도 한껏 기대에 부풀었던 7 Lakes를 실지 가고 있다니! 가슴이 두근거렸다. 믿기지 않았다.

창밖을 바라보았다. 양쪽으로 가파른 돌산이 장벽처럼 자리했다. 산이 만든 계곡을 따라 차는 달렸다. 싱강(Shing River)을 따라 나 있는 구불구불한 도로와 함께 우리도 이리저리 움직여야만 했다. 하류는 황토색의 물이 흘렀다. 거셌다. 마치 장마철에 겁 없이 흘러내리는 물 같았다. 갈림길이 나왔다. 길을 잘못 들어 현지인에게 물어 다시 달렸다. 물이 검게 보였다. 아마도 태양과의 각도 때문이었으리라. 한참을 달렸다. 이번에는 거품을 머금은 푸른색 물이 흘러내렸다. 병풍과 같은 돌산은 양쪽으로 계속 이어졌다.

싱 마을에 도착한 드라이버는 차를 세웠다. 제복을 입은 두 명이 다가왔다. 여권을 보여주었다. 문제없다는 신호와 함께 다시 차는 달렸다. 이제 호수까지는 7km. 파란 하늘 사이로 하얀 구름이 덩실덩실 춤을 추고 있었다. 토마스와 프랑스 부부와 함께 비포장길을 따라 달리는 충격에도 환호하며 즐거워했다. 오래된 친구처럼 느껴졌다.

산에는 나무가 보이지 않았다. 물이 흐르는 곳에서만 버드나무가 가늘고 길게 자라고 있었다. 그 주위에는 관목과 풀이 자라고 있었지만, 그곳을 벗어나면 풀 한 포기를 볼 수 없었다. 온통 바위와 돌과 자갈과 모래와 흙이었다. 어쩌다 연한 녹색의 산이 보이기는 했지만, 높게 자란 식물은 보이지 않고 잎은 땅에 붙어있었다.

바위는 갈라져 있었다. 돌과 자갈은 언제든지 도로로 굴러떨어질 수 있게 보였다. 아슬아슬하게 바위에 걸쳐있는 돌은 곧 떨어질 기세였다. '얼었다 녹았다'를 반복하는 사이 그 틈은 더 커질 것이고, 결국 도로로 굴러 떨어질 것이다.

## 일곱 개의 다이아몬드

자동차는 이리저리 움직이면서 서서히 고도를 높여갔다. 동영상에서처럼 두 줄의 전선이 지나가는 나무로 만든 A자형 전봇대가 나타났다. 그리고 막 좌측으로 회전하는 순간 진한 청색의 물이 모습을 드러냈다. 우리는 모두 환호성을 질렀다. 그리고 'STOP'을 외쳤다. 바람에 흐느적거리는 푸른 물은 모든 시름을 앗아갔다. 그저 멍하니 첫 번째 호수인 네지곤(Nezhigon)을 바라보았다.

중앙은 진한 파란색으로, 가장자리에 오면서는 녹색으로, 가장자리는 자갈이 뚜렷하게 보였다. 언뜻 보라색이 보이기도 했다. 계절과 태양의 각도에 따라 변하는데, 미네랄(나트륨과 칼슘) 함량 때문이라고 한다.

오후 3시 20분에는 영롱한 파란색으로 보였다. 정말 뛰어들고 싶었다. 손을 넣어보았는데 한여름인데도 불구하고 무척 차가웠다.

　호수 왼편은 깎아 놓은 듯한 절벽의 돌산이었다. 오른쪽의 그런대로 완만한 돌산 사이로 난 곡선의 도로를 따라 오르막을 달렸다. 호수 끝의 평평한 지점에는 현지인이 사는 집이 모여 있었다. 집이 있는 높은 곳에서 호수를 바라보는 전망도 훌륭했다. 꽃양귀비가 마음껏 자태를 뽐내고 있는 도로를 따라 이동했다. 들판에도 꽃양귀비는 군락을 이루며 자라고 있었다.

　길은 거칠어졌다. 가파른 고개를 넘어야 했다. 그렇게 지그재그 고개 몇 개를 넘으면 아늑하게 느껴지는 녹색의 호수가 속살을 드러냈다. 두 번째 호수 소야(Soya)였다.

　소야는 협곡의 그늘에 가려 위치에 따라 색이 다르게 보였다. 햇볕이 비추는 곳은 녹색, 그늘인 곳은 청록으로 보였다. 거리와 각도에 따라 검게 보이기도 했다. 호수의 색이 이렇게 차이가 있다는 것에 새삼 놀라울 따름이었다.

　프랑스 부부는 호수와 도로 중간에서 서로의 손을 잡고 한참을 서 있었다. 맑은 청록색의 호수는 사람의 마음을 이끌었다. 모두 말없이 그저 호수를 바라볼 뿐이었다.

 소야 우측으로 난 거의 직선에 가까운 길을 따라 올라가니 진한 청록색의 세 번째 호수가 나타났다. 소야에서 불과 400m 떨어진 구쇼르(Gushor)였다. 구쇼르는 어두운 청록색으로 보였다. 그런데도 이동하는 각도에 따라 그 풍경이 계속 달라 보였다.

여기에서도 발걸음이 좀처럼 떨어지지 않았다. 충분히 시간을 보내고 다음 호수로 이동했다. 가는 길은 가파른 급커브를 오르게 되며, 언덕 꼭대기에서 되돌아보는 풍경은 감탄이 절로 나왔다.

아버지가 노새 한 마리를 이끌며 두 아들과 이동하고 있었다. 무릎까지 올라온 장화를 신었고, 아들들은 긴 뿔이 달린 사슴이 좌우로 그려있는 상의를 입고 있었다. 한여름인데도 모두 긴 팔의 초겨울 차림이었다. 그들은 반갑게 손을 흔들었다. 우리도 따라 손을 흔들었다.

여기에서 길의 방향이 바뀌었다. 2개의 지그재그 언덕을 오르면서 길은 좌측으로 향했다. 그리고 조금 더 나아가니 노핀(Nofin)이 얼굴을 내밀었다. 일곱 호수의 중앙에 있는 노핀은 길쭉했다. 구쇼르와 노핀과의 직선거리는 400m이나, 실제 거리는 약 1km로 구불구불하며 높낮이가 심했다. 조금 지나서 만난 오르막을 5명이 탄 차는 올라갈 수 없었다. 자갈 때문에 계속 헛바퀴가 돌았다. 우리는 차를 밀었고, 탄력을 받은 차는 가까스로 올라갔다.

도로에 불도저를 닮은 장비가 1대 있어서 '왜 장비가 있을까'라는 의문이 들었는데, 산사태가 나면 보수를 하기 위한 장비라는 것을 금방 알아차렸다.

　호수 막바지에 좌측에서 우로 크게 꺾어 돌아 작은 마을을 지나쳤다. 이곳 도로는 모래톱과 연결되어 있어서 홍수나 물이 범람하는 경우 이동이 불가능하게 보였다. 우리는 다행히 멋지게 형성된 모래톱으로 흐르는 물길을 보며 이동했다.

　계곡에는 크게 자란 수양버들 군락이 있고, 우거진 수풀도 보였다. 그곳에는 꽤 넓은 마을이 있었는데, 가파른 산과 접해 있는 집은 하나같이 돌로 쌓은 담벼락을 두고 있었다. 꼭 산에서 떨어지는 돌을 막아주는 용도 같았다.

　마을에는 생각보다 많은 어린이와 청소년과 젊은이들이 우리를 바라보았다.

　마을 중앙을 따라 나 있는 여섯 번의 지그재그 언덕길을 넘었다. 정말 가팔랐다. 설산이 보이는 아름다운 풍경을 따라 오르는 길은 힘난하기만 했다. 그렇게 길을 오르면 드디어 둥글게 보이는 호수가 나타났다. 다섯 번째 호수 쿠르닥(Khurdak)이었다. 쿠르닥은 일곱 호수 중에서 가장 작았다. 하지만 호수의 물은 진한 청색으로 한없이 빨려 들어가고 싶었다. 바라보는 각도에 따라 속살을 훤히 내보이기도 했다. 반영이 있는 호수의 풍경에 모두는 말을 잊은 채 그저 멍하니 바

성실한 파미르

라보기만 했다. 아담했지만, 화려했고 풍만했다.

호수 입구에는 비교적 넓은 너럭바위가 있는데, 그 위에서 호수를 바라보거나 수영을 즐기는 현지 어린이들을 만났다. 석양이 있는 시각에 바위에 앉아 시간을 보내는 그들의 삶은 인상적이었다. 순박한 웃음을 보내는 아이들과 다음 만남을 기약하며 헤어져야 했다.

쿠르닥을 지나 가까이 보이는 설산을 바라보며 계속 올라갔다. 돌과 모래가 흘러내린 도로를 지나 좌에서 우로 크게 돌아가는 오르막을 두 번 지났다. 또다시 지그재그를 한 번 돌면 마을이 나타났고, 마침내 여섯 번째 호수가 불현듯 모습을 내보였다. 마르구조르(Marguzor)였다. 잔잔하고 눈부신 옥빛 호수와 눈 덮인 장엄한 설산의 웅장함은 시공간을 멈추게 했다. 일곱 개의 호수 중에서 가장 크고 장엄했다. 쿠르닥에서 가파르고 지그재그인 길 2km를 올라야 하지만, 그 보상으로 충분한 풍광이었다.

한낮에 호수는 진녹색으로 보였다. 태양이 기울어지면서는 힘이 약해진 빛은 반영 안으로 들어와 완벽한 배경이 되어 주었다. 모든 것이 이곳에 있을, 걸을, 오를만한 충분한 이유였다.

동쪽 호숫가의 도로는 때때로 발생하는 범람으로 지나갈 수 없다고 한다. 여기는 어떤 일이 생길지 아무도 장담할 수 없는 곳이다. 그럼에도 이곳에 사람들이 살고 있었으며, 숙박도 물론 가능했다.

호수의 남쪽 끝에는 판마운틴(Pann Mountains)에서 가장 인기 있고 경치가 좋은 하이킹 코스로 알려진 타바상 고개(Tavasang Pass, 3,307m)로 향하는 입구가 있다. 처음 계획은 이곳에서 출발해 초쿠락 호수(Chukurak Lake)와 알라딘 호수(Alauddin Lake)를 거쳐 사르보다Sarvoda에 도착하는 7박 8일 하이킹 코스였다. 차에서 그 입구만을 지그시 바라보았다. 그러면서 여기까지 온 자신이 대견하다는 것과 지금 혼자라면 과연 '여기를 빠져나갈 수 있을까!'라는 생각이 교차하고 있었다.

마을에서 조그마한 다리를 건너 마지막 호수로 가는 길은 험난한 오르막이었다. 도로가 아니라 길이었다. 우리는 우측으로 난 길을 따라 2km 지점에서 우회전했다. 가파른 S자 코스를 따라 올라갔는데 호수는 보이지 않고 산과 깊은 계곡만 나타났다. 잘못 들어선 것이었다. 간신히 차를 돌려 내려왔다, 하천이 있는 지점에서 하차하고는 하천 옆으로 나 있는 물길을 따라 이동했다. 그렇게 15분을 걸었다. 흰 거품을 머금은 채 세차게 흘러내리고 있는 물을 만났다. 그리고 동영상에서 보았던 익숙한 풍경인 길과 돌담과 지붕과 야영할 수 있는 풀밭과 호수가 보였다. 마침내 마지막 호수인 하조르차쉬마(Hazorchashma)에 무사히 도착했다. 지금이 5시 40분. 숙소에서 1시 30분에 출발해 첫 번째 호수에는 3시 15분 도착했다. 15km 거리인 첫 번째 호수에서는 2시간 25분이 소요되었다.

하조르차쉬마는 협곡의 마지막 호수였다. 갈 수 있는 길이 없고, 더더욱 호수 상류는 주변의 산에 둘러싸여 숨겨져 있었다. 혹 산에 오르면 호수의 남쪽에 혹은 6번째 호수인 마르구조르 주변에 더 아름다운 호수를 볼 수 있지 않을까!

호수 상류는 청록색이었으나 점점 하류로 올수록 투명하게 보였다. 상류는 잔잔하지만, 하류로 올수록 가늘게 물살이 일더니 마침내 거세게 흘러내렸다. 그리고 마침내 흰색의 거품과 천둥소리를 내면서 계곡으로 맹렬하게 돌진했다.

산에서 호수로 흘러내리는 물도 여름에는 자유롭게 물길을 만들었다. 새로운 물길은 사람이 만든 도로에 균열을 가하기도 했으며, 캠핑 장소에도 어김없이 드리워졌다.

풍부한 물은 호수 주변을 초원으로 만들었다. 260m의 높이차가 있어서 가마득히 아래에 마을이 있지만, 사람들은 노새와 말을 이끌고 초원으로 향했다. 호수에서 노새에 짐을 싣고 마을로 가는 부자를 만났다. 그들은 두꺼운 옷을 입고 있었다. 하루의 일과를 마치고 따스한 가정의 품으로 가는 길일 것이다. 마을 입구에 있는 다리를 지나는 차량이 손톱만큼 했다. 서서히 햇빛은 기울어지고 있었다. 아쉽지만 우리는 서둘러 발걸음을 옮겨야 했다. 15분을 걸어 택시가 있는 곳으로 이동했다. 택시는 급하게 출발했다.

# 7 Lakes를 떠나며

　가장 낮게는 1,640m, 가장 높은 곳이 2,400m인 일곱 개의 호수는 정말 근사한 곳이었다. 그들 사이의 총 고도 변화는 760m이며, 거리는 15km였다. 협곡을 따라 난 길은 낭떠러지도 있고, 돌산이어서 낙석과 산사태가 언제든지 일어날 수 있는 곳이었다. 산비탈인 매우 좁고 가파른 도로에서는 언덕 아래로 떨어질 것만 같았다.
　7 Lakes로의 접근은 분명 쉽지만은 않지만, 자연의 숨은 비경을 속살 그대로 볼 수 있었다. 돌산, 만년설, 푸른 하늘은 드러누운 햇살과 함께 호수로 조용히 스며들었다. 하나하나 만날 때마다 들려오는 호수의 속삭임은 경이로웠다. 숨이 멎을 것만 같았다.

　호수는 산사태로 인한 길과 시설의 파괴, 그리고 사마르칸트로의 국경 폐쇄로 굳게 닫히기도 했었다. 그러나 2000년대에 들어 길은 정비되었고, 국경이 열리면서 관광객의 발길을 재촉하고 있다. 7

Lakes를 방문하기 가장 좋은 시기는 6월에서 9월 중순까지다. 11월부터 이듬해 4월까지는 눈으로 인해 통행이 어려울 수 있으며, 해빙으로 낙석의 위험이 있기 때문이다. 도로는 계속 정비를 하고 있으나, 언제든지 낙석과 산사태를 겪을 수 있다. 따라서 여행에는 느긋하고 여유로운 마음의 동행이 필수다.

만약 다시 올 수 있다면 3번 호수인 구쇼루에서 일곱 번째 호수 하조르차쉬마까지 하이킹을 해보리라. 발길이 가는 대로 움직이는 나그네와 같은 여행을 하리라. 4번 호수와 6번 호수 사이에 있는 현지 마을에 머물면서 현지식도 먹어보고, 그들의 삶도 엿보면서 말이다.

판자켄트에서 1시 30분에 출발한 우리는 밤 9시 30분, 다시 그곳으로 돌아왔다. 모두 배가 고프다고 야단이었다. 식당을 찾았다. 하지만 모두 문이 닫혀 있었다. 한참을 걷다가 음식을 파는 곳을 발견했다. 간편한 음식이었지만 허기를 채우기에는 충분했으며, 맛있기까지 했다. 숙소에는 밤 10시 30분에 도착했다.

토마스는 내일 이스칸더쿨 호수(Iskenderkul Lake)에 가려는데, 갈 수 있는지 물어보았다. 즉석에서 동의했다. 토마스의 제안을 받는 순간 가슴은 쿵쾅거렸으며, 팔에는 닭살이 생겨났다. 지도에서 보았던 삼각형 모양인 이스칸더쿨 호수를 갈 수 있다니!

12시가 넘은 지금, 한국은 새벽 4시다. 피곤한 것도 아니고, 개운하지도 않은 좀 멍한 느낌이랄까! 하지만 진짜 이유는 설렘 때문이었다. 지금 상황이 믿기지 않았다. 7 Lakes는 가려고 했지만, 이스칸더쿨 호수는 상상조차 하지 않았었다. 그런데 토마스를 만나 너무도 쉽게 7 Lakes를 다녀왔고, 이스칸더쿨 호수도 가보게 되었다. 지금의 상황이 도저히 믿기지 않았다. 어릴 적 소풍 전야의 밤처럼 좀처럼 잠을 이룰 수 없었다.

제2장

세모난 이스칸더쿨 호수

## 이스칸더쿨 호수를 향해

일어났다. 주위를 둘러보았다. 아무도 없었다. 상상을 해보았다. 이스칸더쿨 호수(Iskanderkul Lake)는 어떤 모습일까? 배낭을 서둘러 정리했다. 아침을 먹고 숙소 마당에 있는 소파에 앉아 기다렸다. 한시라도 빨리 출발하고 싶었다. 차가 도착했다. 토마스와 함께 10시 30분에 드디어 출발했다. 판자켄트를 벗어나 7 Lakes로 가는 삼거리를 직진으로 지났다. 도로와 나란히 흐르는 제라브샨(Zeravshan)강을 따라 순조롭게 달렸다.

불현듯 눈을 떴다. 드라이버 얼굴을 보는 순간 겁이 덜컥 났다. 혼잣말로 '여기는 외국이야. 졸면 어떻게 해'를 외쳤다.

마을을 휘감고 흘러가는 강물을 지나 20분을 달려 차는 멈춰 섰다. 사르보다(sarvoda)였다. 드라이버는 차에서 내려 한 무리의 사람들이 있는 장소로 가서 대화하는데, 점점 언성이 높아졌다. 잠시 후 돌아온

드라이버는 차량 문을 두드리는 사람을 뿌리치고 출발했다. 왜 그렇지? 토마스가 설명해 주었다. 이스칸더쿨 호수에 가기 위해서는 사르보다에서 차량을 갈아타는 것이 현지 방식이라고. 그러니까 판자켄트에서 사르보다까지 이동 후 여기 택시를 타고 이스칸더쿨 호수로 가야 한다는 것이었다.

사르보다에서 3km를 가면 나오는 삼거리에서 우회전했다. 판다라야 다리(Fandarya Bridge)를 지나 발원지가 이스칸더쿨 호수인 이스칸더 강(Iskander Darya, Darya는 타지크어로 강을 의미함)을 따라 나아갔다. 이제 25km를 가면 이스칸더쿨이 나온다고 토마스는 알렸다. 첫 번째 마을에서 길을 잘못 들어섰다가 현지인에게 물어 안내받았다. 길은 갈수록 험해졌다. 이 도로도 7 Lakes를 가는 길처럼 언제든 산사태가 날 수 있으며, 돌이 떨어져도 전혀 이상한 일이 아닌 곳이었다. 어느덧 머리가 멍멍해져 왔다.

미시령과는 비교할 수 없는 고개를 넘고, 마을을 지나 또 고개를 넘고 또 넘고, 그렇게 나아갔다. 나와 토마스는 절경에 감탄하며 번번이 'Photo'를 외쳤다. 그리고 사진을 찍었다. 협곡을 따라 난 도로 아래는 까마득한 낭떠러지였고, 도로 양옆에는 거대한 돌산이 우뚝 솟아 있었다. 붉게, 혹은 푸르게 보이는 돌산은 겹겹이 두른 병풍처럼 보였으며, 멀리 하얀 눈을 가득 안고 있는 설산의 장엄함에 입이 다물어지지 않았다. 드라이버도 담배를 머금으며 한참 동안 멍하니 서 있었다. 강물은 연한 녹색을 띠며 흰 거품을 머금은 채 거세게 흘러내렸다. 까마득한 높이였지만, 흐르는 물소리가 바로 앞에서 들리는 것만 같았다.

## 세모난 이스칸더쿨

네 번 연속으로 180도로 돌아 올라가는 고개를 지나고, 세 번의 고개를 넘어 돌아가면 붉은 산과 듬성듬성 풀이 자란 산 사이로 초록색의 두꺼운 물줄기가 보였다. 조금 더 전진했다. 그런데 불현듯 세 군데 산이 모이는 곳에 세모 모양의 이스칸더쿨 호수가 초록색의 얼굴을 내밀었다. 심장이 멎을 것만 같았다. 주체할 수 없는 감동도 밀려왔다. 이스칸더쿨 호수가 내 앞에 있다니! 믿어지지 않았다.

급히 'Photo'를 외치고는 차에서 내려 이스칸더쿨 호수를 바라보았다. 시간은 멈추었다. 모든 것이 제자리에서 움직이지 않았다. 아무런 소리도 들리지 않았다. 한참을 그렇게 서 있었다. 우리는 약속이나 한 듯 서둘러 차에 올라탔다.

10분 만에 드디어 이스칸더쿨 호수에 다다랐다. 상류에서 호수를 지나온 물은 도로를 잇는 다리 사이로 거칠게 흘러가고 있었다. 우리는 먼저 택시 요금을 건네려고 했다. 그러나 드라이버는 토마스에게 금액이 너무 적다고 불만을 토로하면서 투덜거렸다. 토마스는 받아들일 수 없다고 거절하면서 내 손을 이끌었다.

토마스와 드라이버는 한참을 실랑이했다. 현지인이 다가와 토마스를 설득했다. 토마스는 나에게 금액을 말했고, 나는 웃으면서 토마스에게 추가 요금을 건넸다. 드라이버는 한참 호수를 바라보더니 손을 흔들며 떠나갔다.

제3부 판 마운틴의 호수들

# 이스칸더쿨의 네 얼굴

### 판 마운틴 전망대

하류에서 4km를 걸어 초원 지대가 있는 호수 상류에 도착했다. 그런데 토마스는 전망대에 가자고 했다. 풍경이 정말 아름답다는 댓글이 많다고~~

상류에 있는 타지키스탄 대통령 별장을 지나 산길에 접어들었다. 고개라 불러야 하는 오르막이 있었지만, 거뜬하게 올라왔다. 걷기는 충분히 준비된 터라 토마스보다 앞서 나갔다. 그리고 고개를 들어 좌측을 바라보았다. 폭포가 보였다. 우리의 걸음은 빨라졌다.

사방이 판마운틴(Pann Mountains)이었다. 돌과 만년설을 안고 우뚝 솟아 있는 산은 경이로웠다. 벅찬 감동으로 밀려왔다. 멀리 보이는 만년설은 마치 트레킹을 온 듯한 착각을 불러 일으켰다. 토마스와 감탄사를 연발했다.

폭포는 수력발전소가 제공했다. 발전을 마치고 떨어지는 물은 바람에 흩날리며 이스칸더쿨로 흘러내렸다. 가슴이 확 트였다.

토마스와 서로 사진을 찍어주며 환호성을 질러댔다. 그리고 분지 끝에서 끝으로 걸어 다녔다. 그렇게 우리는 고삐 풀린 어린 말이 되어 있었다.

### 이스칸터쿨 호수

우리는 호수를 따라 걸었다. 호수는 바라보는 지점에 따라 색이 다르게 보였다. 구름의 위치에 따라, 햇살이 비치는 그림자에 의해 만년설과 바위산도 달리 보였다.

구름의 그림자가 만들어낸 호수의 농담을 프레임에 담으려 했으나, 구름은 나의 의도를 알 길이 없나 보다. 우리는 계속 걸었다. 캠핑카 한 대가 멈췄다. 우리는 서로 하얀 치아를 내보이며 인사했다. 그들은 독일인 부부였고, 지금 사리탕(Sarytag)이라는 마을로 간다고 했다. 잠시 후 그들은 흙먼지를 내며 멀어져갔다.

　5시 30분에 일어났다. 혹시나 하는 마음에 밖으로 나갔다. 호수는 하늘색으로 변해있었다. 바람 한 점 없었다. 사진 촬영을 했으나 별로였다. 프레임이 좋은 지점을 찾아 나섰다. 관목을 헤치며 돌이 있는 기슭으로 갔다. 물에 반쯤 잠겨 있는 돌들을 밟으며 이동했다. 물에 빠지지 않게 조심해야 했다. 그곳에서 멀리 보이는 만년설이 물속에 갇혀있는 순간을 사진에 담았다.

스네이크 호수

호수 옆에 있는 언덕 위에 무엇이 있는지 궁금했다. 언덕을 올랐다. 언덕 너머에 호수가 보였다. 서둘러 그곳으로 갔다. 호수에서 음악이 흘러나왔다. 집도 있었다. 누군가 보트를 타고 상부 안쪽으로 이동하는 모습이 보였다.

호수 가장자리에서는 작은 물고기가 헤엄쳤고, 대부분을 녹색의 수중식물이 차지하고 있었다. 여러 곳을 옮겨가며 좋은 프레임을 찾아다녔다. 돌산과 하늘이 물속으로 들어오는 곳이 눈에 들어왔다.

돌아오면서 언덕 중앙에 있는 큰 바위를 발견했다. 상부는 비교적 평평했다. 올라갔다. 그곳에서는 이스칸더쿨과 스네이크 호수를 모두 볼 수 있었다. 전망대였다. 상큼했다. 시원한 바람도 불어왔다. 그곳에서 정말 근사한 아침 시간을 30분이나 보냈다.

아침 식사를 하며 토마스에게 스네이크 호수를 알려주었다. 가보자고 했다. 호수에서 그는 말했다. 물속에 있는 식물이 뱀을 닮았다고. 아마 그래서 스네이크 호수라고 하는 것 같다고. 그리고 옆으로 걸어가더니 뱀이 있다고 소리쳤다. 뱀이 살고 있어서 스네이크 호수라고 부르는 것이 분명했다.

### 나이아가라 폭포

토마스는 폭포가 있다고 하면서 함께 가지고 했다. 토마스를 따라갔다. 마침내 거센 물소리가 들렸다. 이스칸터쿨 호수를 지나온 물이 만든 폭포는 흰 물안개를 내뿜으며 굉음을 내었다. 호수에서 약 1.5km를 걸으면 나오는 현지인들 사이에서 "나이아가라"로 알려진 38미터 높이의 폭포였다. 관람을 위해 철재로 만든 프레임이 있었지만, 꼭 부서질 것만 같았다. 아찔했다. 거세게 떨어지는 물이 일으키는 물보라에서 무지개가 생겨나고 있었다.

## 엄마와 아들

12살이 된 아들과 함께 저녁을 먹었다. 닭고기를 넣은 슈르파와 빵과 차와 과일이 나왔다. 슈르파에서 거북한 향이 있기는 했지만, 불편하지는 않았다. 다행이었다. 여기에서 음식이 맞지 않으면 방법이 없다. 빵으로 해결하는 수밖에.

음식에 다른 점이 있다면 아들에게는 조각난 빵이 담긴 접시가 놓였다는 것. 아마도 여행자가 남긴 빵을 아들에게 주는 듯했다. 아들은 엄마에게 투정했다.

"엄마! 나도 새 빵을 줘."

"그냥 먹어!"

"나도 저 아저씨처럼 새 빵을 먹고 싶다고."

"어디서 투정은. 그냥 먹어."

"나도 새 빵을 먹고 싶다고."

"그냥 먹어." 그녀는 다가와 아들을 째려보며 물러서지 않았다. 아들은 찌뿌둥한 얼굴을 하며 하는 수 없다는 듯 빵을 입에 넣었다. 아들의 마음에 공감이 갔다. '나도 여행객처럼 새로운 빵을 먹고 싶다고요'라는 요구는 당연한 주장이었다. 하지만 엄마의 마음은 하나라도 아껴야 비교적 넉넉한 겨울을 보낼 수 있는 현실이 우선이었다.

하루를 지내고 나니 이곳의 사정을 조금은 이해할 수 있겠다. 먼저 농사와 목축이 어렵다. 숙박과 음식을 제공하는 것이 유일한 수입원으로 보였다. 그러니 식량은 대부분 누군가가 조달을 해주어야 했다. 여름에도 추운 이곳에서 겨울에는 어떻게 생활할까? 사실 밤에는 싸늘해져 이불로는 부족해 침낭을 사용해야 했다.

물자의 대부분을 보급에 의지해야 하는 이곳에서 한 해의 2/3인 겨울을 대비하는 것은 당연한 삶의 방식이라고 느껴졌다.

한국에서 가져간 봉지 커피를 마시기 위해 뜨거운 물을 요청했다. 봉지 커피 3개를 선물로 드렸다. 고마워했다. 매점 진열대에 한글로 적힌 초코파이가 보였다.

## 떠나가는 토마스

사실 토마스와의 3박 4일 동안 그가 어떻게 하는지를 유심히 살폈다. 먼저 가고 싶은 곳을 정하고는, 현지인이나 관광객에게 묻기도 하면서 최대한 정보를 모았다. 그리고 실행에 옮겼다. 사마르칸트에서 판자켄트로, 판자켄트에서 7 Lakes로 이동하면서는 택시에 가능한 많은 사람이 탈 수 있게 하는 조정자가 되었다. 사마르칸트에서는 벨기에 사람, 7 Lakes로는 프랑스 부부와 함께 이동했다. 이것은 결국 비용을 줄이는 효과가 있었다. 택시 1대에 비용이 100달러라면 4명이 이동하면 25달러다.

드라이버와의 요금을 협상할 때는 책을 보여주며 자신의 주장을 펼치기도 했다. 드라이버의 예측이 빗나가 추가 요금을 요구하면 그는 완강하게 거절하며 뿌리쳤다. 이스칸더쿨 호수에서 그는 드라이버에게 'Finish'를 강하게 외치며 나의 손을 잡고 거세게 이끌었다. 모두 경비를 아끼려는 시도였다. 낭비라고 생각하는 지출을 줄이려는 방편으로 이해했다.

시간이 빠듯하면 택시에서 빵과 비스킷으로 요기했으며, 숙박이나 식사는 크게 고민하지 않았다. 선택한 여행지가 내키지 않으면 바로 이동했고, 좋으면 하루를 더 보내기도 했다. 이스칸더쿨 호수에서도 그가 모은 정보대로 움직였으며, 마치고는 망설임 없이 떠났다.

폭포에서는 아찔한 높이의 바위에 올라가 사진 촬영을 요구하는 등의 모험을 즐기기도 했으며, 점심을 먹고 저녁을 먹기 전까지 계속 걷는 것도 마다하지 않았다. 여행지가 정해지면 그는 주저하지 않고 움직였다. 그러면서 전체적인 여행 일정을 조정했다.

헝가리 출신인 토마스의 여행 방식은 상황에 따른 대응능력이 충분해야만 가능할 것이다. 5개 외국어(헝가리어, 영어, 러시아어, 스페인어 그리고 타지키스탄어)에 능통한 점과 다양한 여행 경험이 있으니 가능한 방식으로 보였다. 결론적으로 토마스와 함께 한 시간은 이번 여행의 하이라이트였다.

토마스와 함께 스네이크 호수를 걸으며 말했다.

"지금 여행이 혼자서 떠난 첫 해외 배낭여행이에요."

"용기가 대단하네요." 그리고는 "75년생이고, 지금 66개국을 여행했고 여기와 카자흐스탄을 거치면 68개국이에요."

"정말로요? 놀라워요."

"한국에도 갔어요. 서울에서 부산을 거쳐 제주도엘 다녀왔어요. 한국의 음식은 특히 기억에 남는데, 숯불에 구운 삼겹살이 정말 맛있었어요." 그러면서 두 손으로 엄지를 들어 올렸다.

"언어가 약해 의사소통의 불편을 실감하고 있어요."

"지금 저도 불편해요." 그러면서 "탄자니아의 킬리만자로산, 페루의 안데스산맥 여행을 추천해요. 꼭 가보세요."

"네. 그럴께요. 덕분에 이스칸더쿨 호수를 오게 됐어요. 정말 고마워요."

"저도 고마워요. 그런데 언어 공부는 조금 했으면 좋겠어요"

"네, 동의해요. 해볼께요."

토마스는 점심 식사 후 판자켄트로 떠났다. 헤어지면서 토마스에게 말했다. '한국에서는 존경하는 사람이나 고마운 경우에 고개를 숙여 인사를 한다'라고. 토마스에게 고맙다고 하면서 고개 숙여 인사를 했다. 그리고 그를 끌어안았다.

토마스 덕분에 쉽고 편하게 이스칸더쿨에 올 수 있었다. 토마스가 아니었다면 도저히 올 수 없는 곳인데 말이다. 앞으로 다시 이스칸더쿨에 올 수 있을까? 어려울 것이다. 어쩌면 과한 행운이었다. 고마웠어요. 토마스! 떠나가는 토마스에게 손을 흔들며 한참을 지켜보았다.

## 두샨베를 향하여

토마스는 떠나면서 숙소 주인이 두샨베에 간다는 소식을 알려왔다. 그리고 내가 그편에 갈 수 있게 연결을 해주었다.

토마스가 떠나던 날 저녁에 주인인 후데이쿨(Hudaykul)과 소통을 시도했다. 그는 내일 아침 6시에 두샨베로 출발하자고 했다. 고개를 끄덕였다. 그는 밖에 세워져 있는 차를 보여주었다. 보닛을 열고는 엔진오일 체크도 하면서 이곳저곳을 둘러보며 정비하는 시늉을 해 보였다. 그리고 웃으면서 엄지를 치켜들며 말했다.

"나 운전 정말 잘해."

스네이크 호수로 가는 길에 물을 끌어오는 데 사용하는 PVC 호스에서 조그마한 분수처럼 물이 새는 곳을 발견했다. 4시 30분에 일어나 그곳에서 세면을 했다. 머리도 감았다. 개운했다. 언덕의 전망대인 바위에 올라 두 호수를 번갈아 바라보았다. 미동도 없는 두 호수는 마치 엄마의 품과 같았다. 서둘러 숙소로 돌아와 짐을 쌌다.

아침 6시 30분, 드디어 이스칸더쿨 호수를 떠났다. 비포장도로를 한참 지나 차는 한 마을로 들어섰다. 그곳에서 3인을 태웠고, 더 안쪽 마을에 들어가서는 물건 하나를 실었다. 그리고 차는 하염없이 달렸다. 두샨베로 가는 길은 정말 험난했다. 판다랴(Fandarya) 다리를 지나 우회전했다. 설산 사이로 나 있는 도로는 험준한 협곡을 따라 계속 오르막이었다. 풍광은 아름다웠으나 길은 아찔했다. 그러나 후데이쿨은 여유로웠다. 노래를 부르며 어깨춤도 추었다. 그도 흥이 많은 사람임이 분명했다. 도로의 구간 구간에는 약 100m 길이의 터널이 여러 개 보였다. 자세히 보니 돌과 자갈이 도로에 진입하는 것을 차단하는 용도였다.

후데이쿨은 마스크를 쓰라는 시늉을 했고. 얼마 후 차는 터널에 진입했다. 깜깜했다. 불빛이 없어서 오로지 전조등에 의지한 채 달렸다. 물웅덩이도 보였다. 반대편에서 오는 차량 불빛이 지나가면 다시 칠흑이었다. 길이는 약 5km, 해발 2,662m에 있는 안죠브(Anzob) 터널. 터널은 오싹하기까지 해서 다시는 들어가고 싶지 않았다. 터널을 통과하고 약 10분이 지나면서 도로는 내리막으로 변했다. 하지만 지그재그로 난 도로를 달리는 차량에 몸도 따라 움직였다.

Khushori 요금소에서 요금을 내고, 차는 서서히 멈추었다. 사람들도 내렸다. 세차장이었다. 거의 모든 운전자는 여기에서 세차했다. 사람을 태우고 차는 다시 출발했다.

　두샨베에 도착할 무렵, 그는 '베스트 드라이버'라고 하면서 스스로 엄지를 들어 보였다. 고개를 끄덕이며 엄지척을 해줄 수밖에 없었다. 두샨베에는 2시간 만에 도착했다. 후데이쿨은 정말로 운전을 잘했다.

　후데이쿨은 연락처를 적어주며 떠났다. 혹 다시 오게 된다면 꼭 연락하라고 하면서.

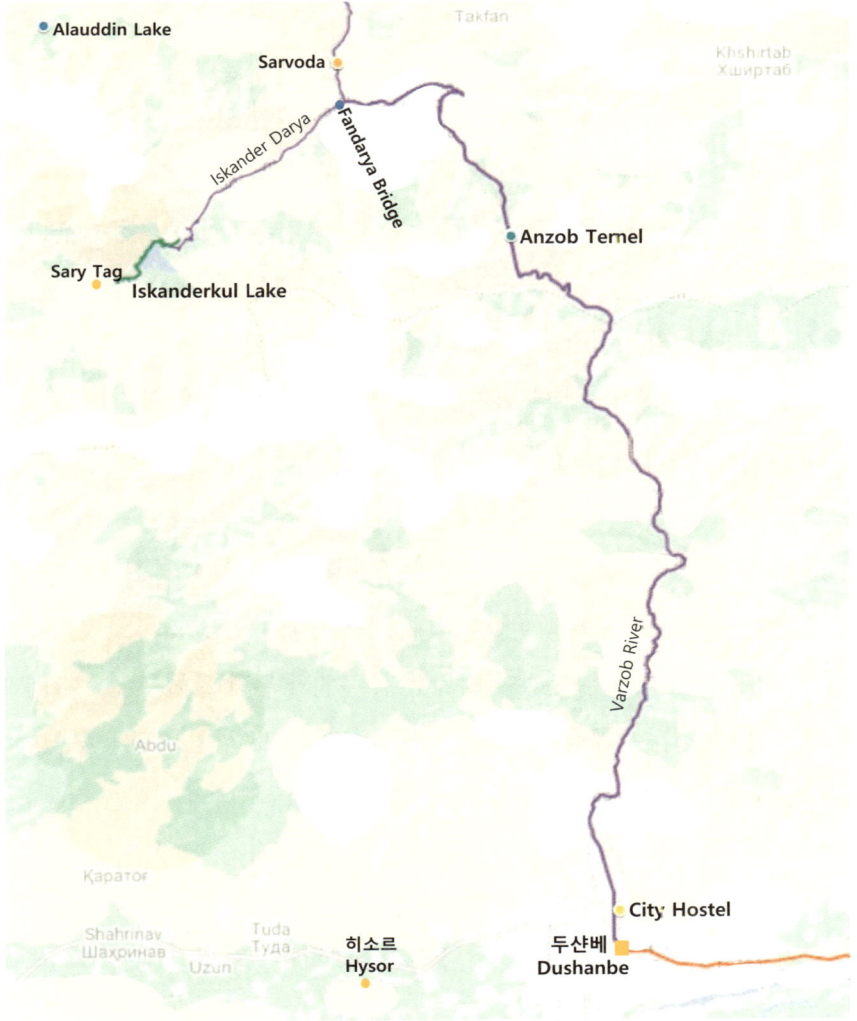

## 개성적인 삶

　숙소인 City Hostel Dushanbe의 10평은 되어 보이는 너른 마당은 주방과 식사와 차를 마시는 공간으로 사용되었다. 오토바이나 자전거 여행객에게는 주차장도 되어 주었다. 계란후라이는 직접 해 먹을 수 있었고, 점심과 저녁도 손수 요리가 가능했다. 배낭여행을 하는 사람들에게 맞춤 서비스를 제공해 주었다. 홍차와 녹차는 언제든지 마실 수 있게 대형 포트에 담겨있었다. 숙소 담당자는 언제든지 차가 준비되어 있다는 부분을 특히 강조했다.

　문을 열었다. 그런데 방에는 여성 두 명이 있었다. 예약 조건을 확인했다. 혼성 도미토리(Domitory)였다. 자꾸 신경이 쓰였다.
　잠시 후 두 여성은 번갈아 샤워했다. 샤워가 끝난 그들은 긴 수건으로 몸을 가리며 나왔다. 그리고 머리를 말리기도 하면서 단장을 했다. 마치 집에서처럼 아무 거리낌이 없었다. 다른 사람의 시선을 전혀 의식하지 않는 것으로 보였다.

불현듯 생각이 났다. 타슈켄트에서 히바행 열차를 기다리면서 만난 10대 후반으로 보이는 미국인. 그녀는 소파에 누워 책을 읽었다. 비스킷과 주스와 바나나를 먹기도 했다. 나에게 짐을 맡기고는 한참 후에 나타나 다시 소파에 누웠다. 그리고 배낭을 메고 열차에 올랐다. 히바의 이슬람 호자 미나렛 꼭대기의 망루에서 만난, 진하게 화장을 한 모로코 여성도 스쳐 지나갔다.

내게 음원을 선물한 이집트 남자도, 유나도, 토마스도, 중국 여행 중에 앱이 없어서 정말 힘들었다는 미국인 여성도 마찬가지였다. 그들은 주위 사람들의 시선을 의식하지 않으면서 여행을 즐기고 있었다.

이곳에서는 왜 홍차를 블랙티(Black rea)라 부를까?

홍차는 발효가 85% 이상 된 차를 말한다. 동양에서는 찻물이 붉기에 홍차(紅茶)라 부른다. 서양권에서는 발효된 찻잎이 검기에 블랙티라고 부른다. 같은 차를 두고 서로 다른 시각에서 이를 불렀다.

여행한다는 것. 혼자 외국에서 여행한다는 것. 다양한 방법이 있고, 그 선택은 분명 개인의 몫일 것이다. 잠자리, 이동 수단, 식사, 여정, 그리고 비용. 여행지와 방식에 따라서 짐 꾸리는 방법도 달라질 것이다. 만약 동반자가 있다면 어떻게 해야 하나! 사람마다 여행 방법이 다를 것이다. 동반자의 개성을 충분히 인정하고 서로 존중해주는 것이 '기본 중의 기본이겠구나'라는 생각이 들었다. 숙소와 이동은 공유하고 나머지는 개인이 알아서 하는 방식도 유용하겠다. 저녁에 만나 아침에 헤어지는 것이다.

삶의 방식이 꼭 어떤 정해져야 하는 방식이 있을까? 어쩌면 내가 규정한 어떤 틀에 갇혀있는 것은 아닐까!

지적 생명체로 태어난 엄청난 행운인 나. 살아가는 방식이 꼭 하나여야 하는가? 내가 좋아하고 내가 원하는 것을 실행하면서 살아가는 것. 타인의 시선을 의식하고, 타인과 좋은 관계를 유지하기 위해 살아가는 것. 분명한 것은 사회나 단체가 암묵적으로 요구하는 규정이나 규칙을 벗어나는 것은 상당한 용기가 필요할 것이다.

지구에는 80억 개의 개성적 삶이 있다고 믿는다. 올곧게 기도하는 히바의 여인도, 사막에서 마른 장작 위에 꼬치구이를 하는 손도, 드문드문 찾아오는 키질 칼라(Kyzyl Kala)의 관광객에게 문을 열어주는 소년도, 이찬 칼라의 차량 통과를 담당하는 경찰도, 두샨베의 메흐르곤(Mekhrgon) 시장에서 꿀을 파는 아주머니도, 타슈켄트의 한 모스크에서 내게 손을 내민 이맘도 분명 개성적인 삶이다. 분명 나도 그 하나를 차지하는 삶이겠고. 그런데 어쩌면 좀 더 자유로워지는 방편이 있지 않을까? 타인의 시선에는 '1도' 관심 없는 삶. 그 삶이 어떤 장면이어야 할까!

내가 살아가는 방식이 꼭 성공해야 하며, 사회적으로 존경을 받아야만 하는 것일까? 글쎄. 그 길을 잘 모르는 것이 문제인 듯한데. 지금보다 더 자유로운 삶을 찾아봐야겠다. 한 20배쯤. 그동안 나를 힘들게 했던 자폐 스펙트럼 유전자가 도움이 되면 정말 좋겠는데.

하지만 분명한 것은 남이 만든 정해진 틀에 갇혀 살면, 자신만의 길은 영원히 보이지 않을 것이란 것이다.

제4부

# 파미르에서 파미르까지

# 제1장

## 와칸벨리 속으로

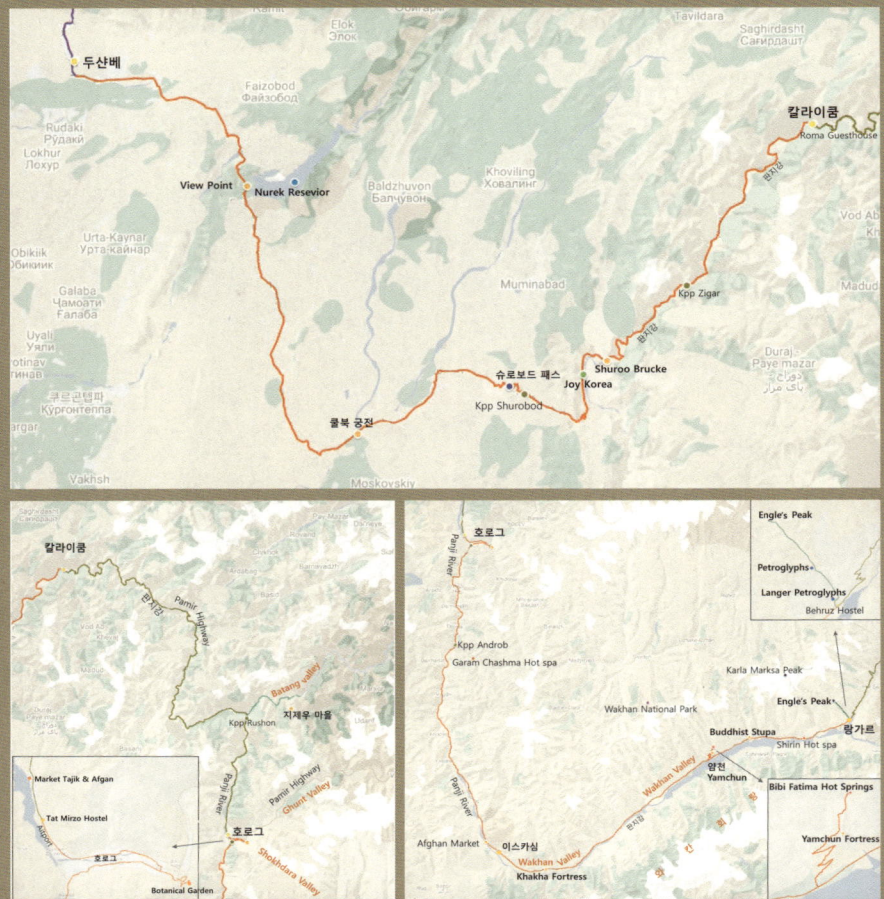

## 출발하는 사람들

드라이버는 9시에 숙소로 왔다. 드라이버 셀리(Sali)와 인사를 나누고 배낭을 차에 싣고 자리에 앉았다. 셀리는 한국인 부부가 묵은 호텔로 차를 몰았다. 서로 악수를 하면서 이름을 얘기했더니 남편은 나와 성이 같았다. 타국에 와서 같은 성씨인 사람을 만났다고 하면서 함박웃음을 터트렸다. 그리고 인도인 라그후(Raghu)를 태우고 우리는 10시에 드디어 출발했다. 6월 14일에 열린 단체 대화방에서 이미 서로 인사를 했던 터라 어색하지는 않았다. 단체 대화방에서 드라이버는 검문소에서 시간이 줄어든다고 하며 여권과 GBAO 허가증 사본 10부 정도가 필요하다는 글을 제일 먼저 올렸었다.

우리는 누락 댐(Nurek Dam)과 훌북 궁전(Palace of the Governor of Khulbuk)을 지나 식당에 들어섰다. 그러나 문이 잠겨 있었다. 일요일이어서 휴무라고. 가까스로 문을 연 식당을 발견하고, 파미르 여행에서의 첫 식사를 마쳤다.

비교적 평탄하던 도로가 오르막인 지그재그 고갯길로 변했다. 1,820m의 슈로보드 고개(Sjurobod Pass)를 오르면서 자동차는 좌우로 심하게 흔들렸다. 그렇게 한참을 달려 또다시 고개 하나를 오르더니 차는 멈춰 섰다. 드라이버는 차에서 내려 여권과 GBRO 허가증 사본을 들고 검문소의 군인에게 보여줬다. 군인은 여권과 자동차 내의 사람을 확인하고는 한국인임을 되묻더니 반갑게 인사를 건네며 통과 사인을 주었다.

우측에 판지(Panji)강이 보였다. 강을 경계로 좌측은 타지키스탄, 우측은 아프카니스탄 영토다. 차에서는 어쩔 수 없이 아프카니스탄 땅을 바라볼 수밖에 없었다. 멀리 만년설이 보였다. 절경에 그저 감탄이 나왔다. 거의 수직에 가까운 협곡을 따라 총을 메고 정찰 임무를 하는 타지키스탄 군인들이 걸어 다녔다. 도로에 바싹 엎드려 자라는 풀을 뜯거나 마른 잎을 찾아 소와 양도 도로를 따라 움직였다. 소들은 차 소리에 아랑곳하지 않고 원하는 곳으로 걸어갔다. 소가 지나가면 차가 멈춰야 했다.

사진작가인 부부는 사진 촬영에 여념이 없었다. 부부는 한 달 일정으로 여행하고 있는데, 귀국하면 사진전을 열 계획이라고 말했다. 파미르 여행은 사진 촬영이 목적이라고 덧붙였다. 라그후는 인도인이며, 프로그래머라고 자신을 알렸다. 부인과 함께 휴가를 왔다고 하면서 부인은 일정이 생겨 두바이로 먼저 입국했고, 파미르 여행이 끝나면 자신도 돌아간다고 했다.

5시 50분에 드디어 목적지인 칼라이쿰(Kalaikhum)에 도착했다. 2층

의 사각형 건물에 중앙이 마당인 숙소 풍경은 이채로웠다. 담쟁이는 벽 두 면을 타고 올라갔고, 마당은 다양한 식물 차지였다. 붉고 분홍색의 장미꽃은 탐스러웠다. 줄을 타고 2층을 향해 올라가고 있는 잎이 넓은 넝쿨은 계단을 살짝 가리면서 운치를 더해주었다. 숙소는 강 바로 옆이어서 거칠게 흐르는 물소리가 들렸고, 강으로 내어 만든 난간 아래로 흰 거품을 안고 흐르는 강물이 보였다. 난간에는 식탁이 놓여있었고, 그곳에서 편안하게 저녁을 먹었다.

## 아프카니스탄 소녀들

강 너머의 아프카니스탄에도 큰 나무와 수풀이 있는 지역에는 황금색 밀밭이 있었다. 간혹 밀을 수확하는 사람들도 보였다. 경작지 근처에 들어서 있는 집은 돌과 흙으로 만들었으며, 지붕만 보이는 집은 꼭 요새와 같았다.

절벽인 산과 강이 만나는 부근에 난 도로로 사람들이 다녔다. 오토바이가 흙먼지를 일으키며 지나가기도 했다. 소와 양으로 보이는 가축들도 도로로 이동했다. 산은 높고 황량했으며, 길은 가늘고 길기만 했다.

저녁을 먹고 라그후와 숙소에서 만난 인도인과 함께 산책을 나섰다. 2대의 오토바이가 멈춰있는 숙소를 지나 마을 중앙으로 난 도로로 향했다. 라그후와 인도인은 쉴 새 없이 대화했다. 그저 걷기만 했다. 우리는 마을이 끝나는 곳에서 멈춰 섰다. 그리로 정면을 바라보았다.

바로 앞에는 판지강이 흐르고 있었고, 약 200m 거리의 강 너머가 아프카니스탄 마을이었다. 굽이 흐르는 판지강 문턱에 자리한 마을은 돌담처럼 평온했다. 카펫이 널려있는 돌담 옆에 흰색 옷을 입고 오토바이에 앉아 있는 사람이 보였다. 그 남자를 지나쳐 세 명의 어린이가 강으로 내려왔다. 그들은 강가에 앉아 돌을 던졌다. 돌이 강에 떨어지며 생긴 물거품을 보며 손뼉을 치고는 했다. 순간 소녀들을 향해 손을 흔들었다. 흰색 옷을 입은 소녀와 검정 띠가 있는 분홍 옷을 입은 소녀가 따라서 손을 흔들어 주었다. 잠시 후 흰색 옷을 입은 소녀는 두 손을 번쩍 들며 팔을 흔들었다. 나도 두 팔을 흔들어 주었다.

## 산사태와 파미르 하이웨이

 우리는 7시 20분에 칼라이쿰을 떠났다. 어제 도로 공사를 한다는 정보를 알린 셸리는 조금이라도 일찍 출발하기 위해 서둘렀다. 마을을 벗어났더니 비포장도로가 나타났다. 아니 포장도로인데, 토사로 인해 비포장도로로 바뀐 상황이었다. 자동차는 판지강을 따라 아프카니스탄을 마주하며 계속 달렸다.

 풀 한 포기 찾아보기 어려운 협곡 사이로 난 도토는 험했다. 산에서 내려온 토사는 흙막이용 벽체를 넘어선 곳, 심지어 도로의 1/3 지점까지 점령한 곳도 있었다. 언제든지 돌과 자갈은 도로로 내려올 수 있는 환경이었다. 이번에는 도로의 절반을 덮었다. 갑자기 차가 덜컹거려 내다보니 또다시 길 전체가 비포장도로로 변해있었다.

 차 두 대가 지나갈 수 있는 도로이지만 구불구불하거나 움푹 파인 구간이 나타나면 셀리는 조심스럽게 운전했다. 대형차가 지나가면 기다려야 했다. S자에 움푹 들어간 곳이 반복되는 지점에서 대형 트레일러 한 대가 가까스로 빠져나오는 중이었다. 그 여파로 도로는 주차장이 되었다. 기다려야 하고, 때로는 후진을 해야 했다.

도로 위쪽 바위에서 공사하는 사람들이 보였다. 아마도 바위를 깨뜨리는 발파 작업을 하려는 모양이었다. 갑자기 먼지가 엄청나게 흩날렸다. 때마침 불어온 바람으로 앞이 보이지 않는 모래바람이 차를 덮쳤다. 차가 지나가려면 시간이 필요했다. 신호에 따라 차량 10대가 지나간 후 기다리던 우리도 통과할 수 있었다. 다행히 월요일인 오늘까지 이슬람 명절 연휴여서 크게 공사를 하지 않아 기다리는 시간이 줄었다고 셀리는 외쳤다. 평일에는 아예 도로를 차단하고 공사를 진행한다고 했다.

다음 날, 호로그의 숙소에 칼라이쿰에서 오는 관광객이 들어왔다.

그들은 차가 정체되어 몇 시간을 기다렸다고 하면서 투덜거렸다. 자동차가 통행할 수 있게 조치를 한 후 공사를 하면 좋겠는데, 무작정 길을 막아버리는 상황이 이해하기 어렵다고 토로했다. 기다리다 지쳐 다시 칼라이쿰으로 돌아간 차량도 보았다고 하면서 열을 올렸다.

파미르 하이웨이는 두샨베와 가까운 곳은 그나마 사정이 좋았으나, 슈로보드 고개를 넘으면서 도로 상황은 딴판이었다. 포장은 했으나, 언제든지 산사태가 일어날 수 있는 곳으로 바뀌었다. 산 중턱에 얹혀있는 금이 간 커다란 바위는 곧 부서질 것만 같았다. 더불어 가파른 산비탈에서 돌과 자갈과 모래가 언제든지 떨어질 수 있는 상황이었다. 운전석으로 떨어지는 작은 돌이 차에 맞는 장면을 목격하기도 했다. 다행히 돌은 운전석 옆 프레임에 맞아 튕겨 나갔다. 실제로 호로그에서 10대 중 하나는 앞 유리에 금이 간 자동차였다.

파미르에서는 어떤 일이 벌어질지 아무도 모른다는 생각이 들었다. 언제든지 산사태가 날 수 있고, 바위가 떨어져 길을 막을 수도 있다. 자동차 고장이나 펑크, 혹은 진흙에 빠지기도 한다. 해빙기나 비가 내리면 도로가 물에 잠기기도 하고, 해가 쨍쨍 내리쬐는데 홍수가 나 차가 물에 빠지기도 한다. 비나 눈으로 인해 목적지에 갈 수 없거나 무척 어렵게 도착하는 것은 다반사다. 사람에 의해서건 자연재해이건 도로가 막히면 이러지도 저러지도 못하는 처지가 된다. 하지만 불편을 겪고 있는 여행자가 있으면 파미르 사람들은 언제든지 도움

제4부 파미르에서 파미르까지

의 손길을 내민다고 한다. 따라서 충분한 여유와 적절한 준비와 함께 여행할 필요가 있다. 소나 양이 길을 막고 있어도 모두 지나갈 때까지 기다려주는 느긋한 마음은 덤으로 필요하다.

    여기에서는 일어나는 모두가 현실이고, 그것이 파미르의 일상이라는 생각이 불현듯 떠올랐다.

# 관문의 도시 호로그

오전 11시가 되면서부터 왼쪽 산 정상 부근에 검은색 구름이 모여들더니 날씨가 변하기 시작했다. 한두 방울 비가 유리창을 때렸고, 바람도 거세게 불어닥쳤다. 금방이라도 세찬 비가 내릴 기세였다.

드라이버는 어디론가 바쁘게 전화를 걸었다. 드디어 비가 내리기 시작했다. 덕분에 먼지는 잦아들었다. 검문소가 나타났다. 드라이버는 서류를 들고 나갔고, 곧 돌아왔다. 갑자기 거센 바람과 함께 세찬 비가 내렸다. 하늘에는 먹구름이 가득 들어차 있었다. 달리던 자동차는 삼거리에서 멈추었다. 셀리는 왼쪽을 가리키며 지제우(Jizeu) 마을로 가는 방향이라고 하면서 말했다.

"지제우 마을은 폭우로 인해 도로 유실이 우려됩니다."

"네에?"

그리고 잠깐 뜸을 들이더니 "지제우 마을 숙소에서도 가능하면 들어오지 않는 편이 안전하다고 하네요"

"..."

"어떻게 할까요?"

우리는 지제우 마을에 들어가는 것은 위험하다는 셸리의 판단을 받아들이기로 했다.

호로그(Khorog)는 군트(Gunt)강과 판지(Panji)강이 합류하는 파미르 산맥의 해발 2,200m에 들어서 있다. 혹한기에는 눈이 많이 내리며 영하 28℃까지 내려가고, 한여름은 30℃까지 올라가는 덥고 건조한 기후다. 오아시스처럼 평지와 강이 만나는 지역에 위치하며, 삼각주에 둘러싸인 모양으로 포플러가 정말 많았다.

호로그에서 군트 협곡(Gunt Valley)을 따라 난 파미르 하이웨이는 알리취르(Alichur)로 연결된다. 판지강을 따라 이스카심을 거쳐 와칸 협곡(Wakhan valley)으로 갈 수도 있다. 로쉬칼라(Boshtqala)를 거쳐 베즈다라(Vezdara) 마을로 향하는 쇼크다라 협곡(Shokhdara Valley)으로 가는 길도 있다.

호로그에도 아프칸 시장이 있다. 위치는 시내에서 공항을 지나 칼라이쿰 방향으로 약 5km 떨어진 곳이다. 혹 이스카심의 아프칸 시장에 들릴 수 없다면 매주 토요일에 열리는 호로그의 아프칸 시장을 들러 보는 것도 좋겠다. 부근에는 정기 항공편이 끊긴 상태이지만, 공항도 있다.

반대편 마을로 가기 위해 도시의 두 지역을 연결하고 있는 인도교를 건넜다. 주거지로 보이는 건물이 많았다. 그곳에서 지름이 40cm는 되어 보이는 논(Non)을 팔고 있는 아주머니가 의자에 앉아 있었다. 그녀는 길바닥에 보자기를 감싼 조그마한 탁자를 두고 논을 올려놓고 손님을 기다렸다. 그녀는 일어나 논을 예쁘게 쌓아 올리기를 반복했다. 이것이 그녀의 생계일까? 하루에 얼마를 벌까? 순간 어릴 적 엄마의 모습이 떠올랐다. 엄마는 직접 농사지은 배추와 무와 시금치와 대파를 팔기 위해 2km 거리의 5일마다 서는 시장으로 향하곤 했다. 비싼 값에 팔면 기분이 좋다고 흥얼거렸다. 떨이로 팔았다고 하면서 시무룩하기도 했다. 그렇게 모은 돈으로 생활했고, 자녀의 학비를 댔다.
논을 옮기는 그녀의 손을 바라보며 한참을 서 있었다.

저녁 식사를 마치고는 빵빵하게 팽창한 봉지 커피를 뜨거운 물에 부으면서 한국인 부부는 아쉬움을 토로했다.

"지제우 마을에 가서 사진 촬영을 해야 하는데 참 아쉽네요."

"네에~"

"사실 우리는 파미르고원의 사진을 찍어 전시회를 하려고 하거든요." 그리고는 "파미르에만 가야 볼 수 있는 장면이 필요한데, 지제우 마을이 훌륭한 장소라고 해요." 이어서

"동영상으로는 좋던데, 사진 찍을 장소가 없네요."

그들의 아쉬움은 호로그에서 2일을 머문 후 더욱 커져만 갔다.

2일째, 한국인이 동행하는 다른 팀도 아침 식사를 위해 식탁에 앉아 있었다. 반가운 우리는 서둘러 물었다.

"어디서 오는 길인가요?"

"네, 오쉬에서 출발했고, 오늘 지제우 마을로 가려고요."

"오면서 날씨는 어떻던가요?"

"무르갑은 엄청 추워요. 손이 얼어 충전기를 떨어뜨렸는데, 파손되었어요. 그래서 지금 핸드폰을 사용할 수 없었다니까요"

"고산병은요?

"고산병으로는 큰 불편함이 없었어요."

배낭에는 침낭과 겨울옷이 들어있었다. 사진작가 부부에게 물어보니 옷은 충분히 준비했다고 했다. 반팔 티셔츠를 입고 슬리퍼를 신고 있는 라그후는 추위에 대한 대비가 필요해 보였다.

제4부 파미르에서 파미르까지

## 활주로를 내려보며

점심을 먹은 후, 한국인 부부는 호로그 시내에 남아 관광과 출사를 하기로 했다. 라그후와 숙소로 돌아왔다. 숙소 뒷산을 오르기로 약속했기 때문이었다. 숙소 주인에게 물었다.

"뒷산은 올라가는 등산로가 있나요?"

"잠시만요." 그러더니 아들에게 물어보고는 "아들과 함께 가세요."

우리는 아들과 함께 출발했다. 산에는 듬성듬성 풀포기가 있었지만, 자갈과 모래가 대부분이었다. 처음부터 가팔랐고, 자갈 때문인지 미끄러웠다. 소년은 정말 다람쥐처럼 다녔다. 드디어 나에게도 이번 여행을 위해 준비한 실력을 발휘할 시간이 주어졌다. 그런데 동행한 라그후의 속도가 좀 처졌다. 내가 올라간 시간만큼 라그후를 기다려야 하는 상황이 반복되었다.

라그후를 기다리는 사이 소년은 원뿔 모양으로 파인 곳을 가리키며 개미를 잡아 그곳에 넣었다. 잠시 후 조그마한 집게가 나타나더니 흙을 뿌려 개미가 올라가는 것을 방해했다. 개미는 결국 흙 속으로 사라졌다. 개미귀신이었다.

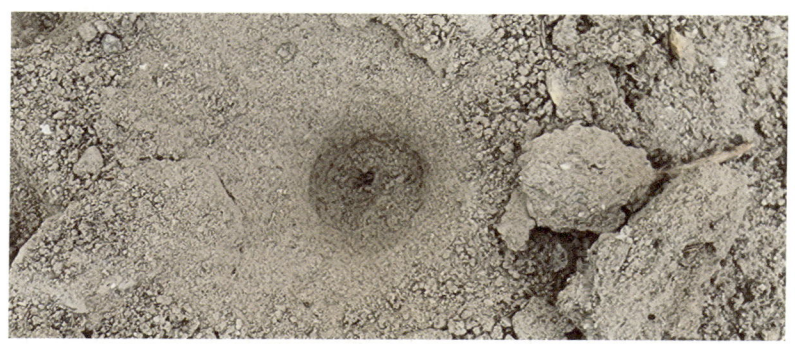

그는 여러 번 개미귀신을 보여주었다. 둘러보니 원뿔 모양으로 파인 흔적이 주변에 널려 있었다. 정말 나무 한 그루 찾아볼 수 없는 황량한 곳처럼 보이는 이곳에도 생명체의 활동은 왕성했다.

산에서는 활주로와 판지강이 훤히 보였다. 아프카니스탄 땅인 강 너머의 고봉과 설산은 산을 오르면 오를수록 그곳의 속살을 그대로 보여주었다. 절경이었다. 지금 오르는 산의 정상을 손으로 가리키며 소년에게 물어보았다.

"저기가 정상일까?"

"네, 하지만 도착하면 다시 정상이 나타나는데요."

"정말?"

"네, 더 높은 봉우리가 보여요."

이곳 산의 특징이었다. 봉우리가 가까이 있어 보이지만, 정상으로

제4부 파미르에서 파미르까지

가려면 상당한 시간이 필요하다. 오르면 또다시 그보다 더 높은 봉우리가 보인다. 오르면 너머에 있는 산이 또다시 손짓하는 마법과 같은 산이었다.

정상으로 다가갈수록 길은 더 가팔랐으며, 오직 돌과 자갈과 흙만 있었다. 뚜렷한 길도 없었다. 미끄러지기 일쑤였지만, 소년은 평지와 다름없이 움직였다. 라그후는 멈추기를 반복했으며, 멈추는 시간이 늘어만 갔다. 더불어 우리는 가다 서기를 계속 반복해야 했다. 더 오르는 것은 위험하다는 느낌이 왔다. 곧바로 라그후에게 다가가 더 올라가는 것의 위험함을 알렸다. 그리고 우리는 내려가기 시작했다. 내려가는 길은 더욱 위험했다. 미끄러지면 곧바로 굴러떨어질 상황이었다. 운동화 차림의 라그후는 내려가면서 자꾸 미끄러졌다. 그는 결국 엉덩이를 땅에 대고 살금살금 발을 내디디면서 내려갔다. 하는 수 없이 라그후의 손을 잡고 이끌면서 천천히 내려왔다. 다행히 우리는 무사하게 출발 장소로 돌아왔다.

성실한 파미르
-
214

해외에서 등산하려면 적절한 장비 준비와 함께 몸의 단련도 필요하다. 결국은 그것이 자신을 보호하는 길이다. 더불어 동료에게 부담을 줄여주는 것이고. 어떤 상황이 다가올지는 아무도 모르기 때문이다. 라그후는 등산에 필요한, 파미르고원 여행에 필요한 대비가 부족해 보였다. 정말 사고가 나지 않은 것이 다행이었다.

## 하늘 정원에 서서

호로그에서 5km 거리인 식물원(Botanical garden)에 갔다. 1940년에 만들어진 식물원의 전체 면적은 623헥타르이고, 해발 2,320m에 자리하고 있다. 네팔 국립식물원(2,765m) 다음으로 높은 고도다. 산악 기후에서 식물의 생존을 테스트하기 위해 설립되었으며, 현재 정원에는 약 4,000종 이상의 식물이 자라고 있다.

입구는 비교적 정원 같았으나 대부분은 쾌적하고 조용한 숲에 가까웠다. 이름 모를 꽃도 볼 수 있었지만, 감흥이 올라오지는 않았다.
길을 따라 정원을 걷다가 호로그 시내를 조망할 수 있는 지점에서 비로소 탄성을 질렀다. 군트(gunt) 강에 둘러싸인 호로그 전체를 한눈에 바라볼 수 있었다. 설산을 둘러싼 흰 구름과 파란 하늘에 가슴은 뻥 뚫어졌다. 반달 모양의 군트강이 호로그를 안고 있는 풍경도 인상적이었다. 사진작가 부부의 얼굴에도 서서히 미소가 번지기 시작했다.

타지키스탄에서 미루나무는 높이가 30m 이상 크는데, 잘 자라기까지 해 건축 재료로 소중하게 쓰이고 있다. 군트강을 따라 자라는 미루나무와 함께 보이는 호로그는 아늑하게 느껴졌다.

## 요새와 온천

우리는 판지강과 아프가니스탄 국경을 따라 와칸 벨리(Wakhan Valley)로 향했다. 와칸 밸리를 따라 여행하는 것은 힘든 여정이지만, 파미르의 속살을 느껴보려는 여행가의 숙명적 선택이었다.

때로는 좁고 때로는 넓은 판지강을 따라 서서히 고도는 올라갔다. 강 내부에 모래톱과 풀밭이 넓은 곳도 있었다. 강은 좁지만, 넓은 평지인 땅을 지나기도 했는데, 이런 곳에서는 작물이 자랐다. 고도가 높아가면서 푸른 들판은 줄어들었고, 설산은 눈에 띄게 늘어갔다.

와칸 밸리의 관문 이스카심(Eshkashem)에 들어섰다. 토요일만 열려 닫혀있는 아프칸 시장(Afghan Market)의 철문을 뒤로하고 달리던 자동차는 토성 아래에서 멈췄다. 지금은 형체만 남아있는 카카(khakha) 요새였다. 요새 앞은 강을 경계로 양쪽에 농토가 있는 넓은 분지였다. 파미르에서는 곡창지대일 것이다. 언덕 위에 지어져 있어 요새에서는 와칸 밸리와 와칸 회랑이 한눈에 보였다. 요새 정상에 올라 와칸 회랑의 만년설을 바라보는 순간 모든 시름이 사라졌다. 혹 요새의 목적은 통행세를 받는 것이 아니었을까?

　1시간을 더 달렸다. 자동차는 지그재그로 길을 따라 얌천(Yamchon) 마을로 오르기 시작했다. 해발 2,400m에서 약 5km를 달려 해발 3,000m까지 올라갔다. 그곳에도 요새가 있었다. 얌천이었다. 요새는 와칸 밸리가 한눈에 보이는 절벽 꼭대기에 지어져 있었다. 요새를 보러 갔지만, 와칸 밸리와 와칸 회랑의 아름다움이 더 눈에 들어오고 말았다. 얌천 요새에서 바라본 판지강과 거대한 설산은 자연의 위대함을 뽐내고 있었다. 얌천은 이 지역을 방어하는 것이 목적이었을 것이다.

　얌천에서 해발 3,200m까지 3km를 올라가 ㅂ`비 포티마 온천(Bibi Fatima Hot Springs)에 도착했다. 미네랄이 풍부한 온천수는 석회 성분이 없으며, 철분 성분이 많고 탄산도 들어있다고 셸리는 알려주었다.

　온천수가 나오는 바위 표면에 만든 탕 안에서 온천욕을 했다. 몸을 담그기에 적당한 온도의 천연 야외 온천이었다. 온천수는 돌산의 틈새에서 나오기도 했고, 벽에 난 구멍을 통해서도 흘러나왔다. 구멍은 지름이 약 70cm 정도 되었다. 나는 구멍으로 들어가 곧게 서 보았다. 발이 바닥에 닿지 않았다. 순간 두려움을 느끼고는 서둘러 나왔다. 다시 들어가 구멍 입구를 잡고 물에 의지했다. 온천욕을 하고 나니 개운했다, 더불어 긴장감과 그동안에 생긴 피로가 말끔히 사라지는 것만 같았다.

　새로운 활력을 안고 우리는 해발 2,400m 지점으로 되돌아갔다. 자동차는 13km를 달려 브랑(Vrang) 마을의 불교 사리탑(Buddhist Stupa)으로 가는 입구에서 멈췄다. 도로에서 논길을 따라 약 700m 거리의 불교 유적지는 5층 석조 건물이라 말하기 어려울 정도로 침식되어 있었다.

　현지 어린이들이 다가왔다. 그들은 무언가 보여주려 하는 듯 안내했다. 한 사람은 넉넉히 잠을 잘 수 있는 토굴이었다. 혹 과거 승려들이 사용한 동굴의 하나일까? 부근의 돌에서는 하얀 결정도 보였고,

이곳이 과거 바다였다는 표시일 것이다. 돌산과 땅의 경계에는 물이 흘렀다. 한 어린이가 한 지점을 가리켰다. 자세히 보니 공기 방울이 올라오고 있었다. 탄산수였다.

## 랑가르와 여행자의 궁합

브랑(Vrang) 마을에서 약 30km를 달려 우리는 오늘의 종착지인 랑가르(Langar)에 도착했다. 랑가르는 와칸 밸리가 끝나고 파미르의 산악 고원이 시작되는 교차로였다. 해발 3,000m인 강과 가파르고 바위가 많은 계곡과 와칸 회랑이 만나는 협곡 깊숙한 곳이었다. 와칸강과 파미르강이 만나 판지강이 시작되는 곳이기도 했다.

우리는 숙소에 여장을 풀고 마을을 돌아다니며 한적한 시간을 보냈다. 판지강의 시작점도 둘러보고, 어린이들도 만났다. 그리고 숙소로 돌아와 저녁을 먹었다. 그런데 불편했다. 속이 더부룩했고, 음식의 소화 속도는 더디기만 했다. 밤 10시가 넘어가면서 물 공급도 원활하지 않았다. 샤워를 할 수 없었으며, 변기에도 물은 채워지지 않았다. 기온은 내려갔으나, 난방이나 숙소를 따뜻하게 하는 시설은 찾아볼 수 없었다.

홈스테이는 현지인과 같은 생활방식을 공유하는 것. 주인 모녀는 여행자를 위해 빵과 음식을 준비했다. 생활에 필요한 인프라가 부족한 상황이지만, 현지인이 할 수 있는 최선의 서비스를 제공했다. 하지만 우리는 식사와 잠자리를 비롯한 실생활에서 불편함을 겪었다.

다음 날, 저녁을 먹으면서 한국인 부부는 말했다.
"음식은 먹을만해요?"
"네, 조금 힘드네요."
"그래요? 우리는 먹는 즉시 '주룩주룩'합니다." 그분들도 음식 때문에 불편을 겪고 있었다.

블로거 젤로미나로 활동하는 그녀는 지금의 상황을 다음과 같이 표현했다.

순간 나는 이곳에 왜 왔는가? 인프라 시설이 갖춰있고 맛난 음식이 풍부한 유럽에 갈 것이지. 모든 것이 부족한 곳에서 '생고생'을 해야 한다는 것을 잘 알고 왔으면서도 지금의 상황을 받아들이지 못하고 있지 않은가! 지금의 여행을 받아들이고 이곳의 삶에 순응하고 즐기자고 마음먹는다. 마음을 다잡은 순간 조급함과 예민함이 사라지고 느긋함과 여유가 생겼다. 그리고 개인 수저와 컵을 배낭에 집어넣고 모든 현지의 상황을 내 일상으로 받아들이기 시작했다.

계속 더부룩하고 소화가 더뎠다. 다행히 지사제가 필요할 정도는 아니었다. 세수와 양치만을 했다. 머리도 감지 않았다. 잠을 자기 전에 물수건으로 몸을 닦았다. 그리고 침낭으로 들어갔다. 다행히 침낭 안은 온기가 충분했다.

파미르고원을 여행하고 있음이 비로소 실감이 왔다. 내일은 더욱 높은 지대로 이동할 것이다. 날씨는 더 추워질 것이다. 하지만 파미르에 대한 정보가 부족했다. 결국 다음 목적지에서 더욱 힘든 고난이 나를 기다리고 있었다.

## 엥겔스 봉우리를 오르다

오늘은 엥겔스 봉(Engls's Peak)에 오르는 날. 배낭에 바람막이와 재킷과 음식과 물을 넣고, 스틱과 등산화와 모자를 준비했다. 혹시 몰라 겨울용 등산복과 두건과 우의도 챙겼다. 드라이버는 마을에서 등산 시작 지점까지 안내를 해주었고, 우리는 출발했다.

자갈이 많은 산은 처음부터 가팔랐다. 자갈에 의해 미끄러지기도 했다. 생각보다는 난해한 코스였다. 나무나 풀이 거의 없어 햇볕에 직접 노출된 채 걸었다. 특별한 이정표도 안보였다. 공동묘지(Langar petroglyphs)를 따라 발자국에 의해 난 길을 가다 길이 갈라지면 앱(Meps.me)으로 방향을 찾았다. 앞에 사진기를 든 어른 4명과 소년 2명이 보였다. 소년들은 정말 산 위를 다람쥐처럼 뛰어다녔다. 어른들의 속도는 점점 느려졌다. 4인을 따라잡아 앞으로 나아갔다. 그런데 라그후의 속도는 너무 느렸다. 길을 찾으며 올라가서는 한참 기다려 라그후가 보이면 다시 이동했다.

얼마를 걸었을까? 너른 바위에 새겨진 그림이 보였다. 암각화였다. 낙타를 타고 이동하는 사람과 거대한 뿔을 가진 마르코폴로가 새겨져 있었다. 전투 장면도 보였다. 그 근처 바위에만 상당히 많은 암각화가 분포했다.

가다 서기를 반복했다. 그렇게 한참을 이동해 산 정상 부근의 인공적인 길에 도착했다. 풀이 자라고 있는 길은 좌우로 산을 돌며 원형으로 나 있었다. 앱이 가리키는 방향인 우측으로 향했다. 그리고 뒤돌아보았다. 와칸회랑과 힌두쿠시(Hindu Kush) 산맥의 설산이 보였다. 황홀했다.

그런데 가랑비가 내리기 시작했다. 바람도 비교적 세게 불었다. 계속 우측으로 나아갔다. 흐르는 물이 협곡으로 흘러가는 낭떠러지 구간을 지나 녹색의 풀이 자라는 초원 지대에 도착했다. 비는 그냥 맞기에는 부담스러울 정도로 내렸다. 초원 지대는 물길을 따라 상부로 이어졌으며, 쥐와 마못의 터전이었다.

여기는 4,100m. 산꼭대기에서는 제법 강한 바람이 불어왔다. 추위에 몸이 움츠려졌다. 비와 바람에 의해 체감 온도는 급격히 낮아졌다. 라그후가 도착했다. 그는 반팔 상의를 입고 있었다. 순간 생각을 해보았다. 지금처럼 추운 상황에 비를 맞으면서 등산을 할 수 있을까? 어렵다고 판단했다. 라그후에게 말했다.

"라그후, 지금 상황에서 산행하는 것은 무리라고 봐요."

"저는 괜찮아요."

"지금처럼 추운 상황에 비를 맞고 계속 산행하면 자칫 저체온증에 걸려요."

"저는 문제없어요."

"이런 날씨에 비 맞고 등산하는 것은 위험한 선택이에요."

"그렇다면 동전 던지기로 결정해요."

결코 동의할 수 없었다. 그것은 정말 무모한 의견이었다.

때마침 3명의 프랑스인이 올라왔다. 그들은 방한복과 배낭과 등산화를 갖추고 있었다. 그들에게 물었다.

"만약 당신이라면 이 상황에서 계속 산행하겠어요, 아니면 하산하겠어요?"

그들은 일말의 주저함이 없이 하산하겠다고 했다.

내가 봐도 그랬다. 바람이 부는 겨울 날씨의 우중 산행은 너무 무모한 선택이었다.

다시 한번 이 상황에서 계속 산행하는 것은 위험하다고 라그후에게 말했다. 하지만 그는 거듭 괜찮다고 했다.

동의할 수 없었다. 너무 무모한 짓이었다. 바로 앞이 목적지인 호수였지만, 어쩔 수 없었다. 마을에서 베이스캠프까지 왕복 약 16.6km, 꼬박 9시간을 걸어야 하는 코스의 정상 바로 앞이었지만, 돌아서야 했다. 바로 하산했다.

혼자 서둘러 내려왔다. 한참 내려오니 비도 사라졌고, 바람도 수그러들었다. 햇볕을 잘 받는 평탄한 바위에서 라그후를 기다렸다. 빵과 꿀과 비스킷을 함께 먹었다. 그리고 혼자서 서둘러 하산했다.

파미르고원 여행을 하는데, 산행에 어울리는 장비 준비와 신체적 훈련은 당연히 필요하다. 자칫 사고로 이어질 수 있기 때문이다. 라그후가 사전 준비를 하지 않고 여행에 참여했으며, 위험의 순간에도 안일한 대응을 하고 있다고 생각했다. 라그후에게 실망하고 말았다.

제2장

## 검은 호수 너머에

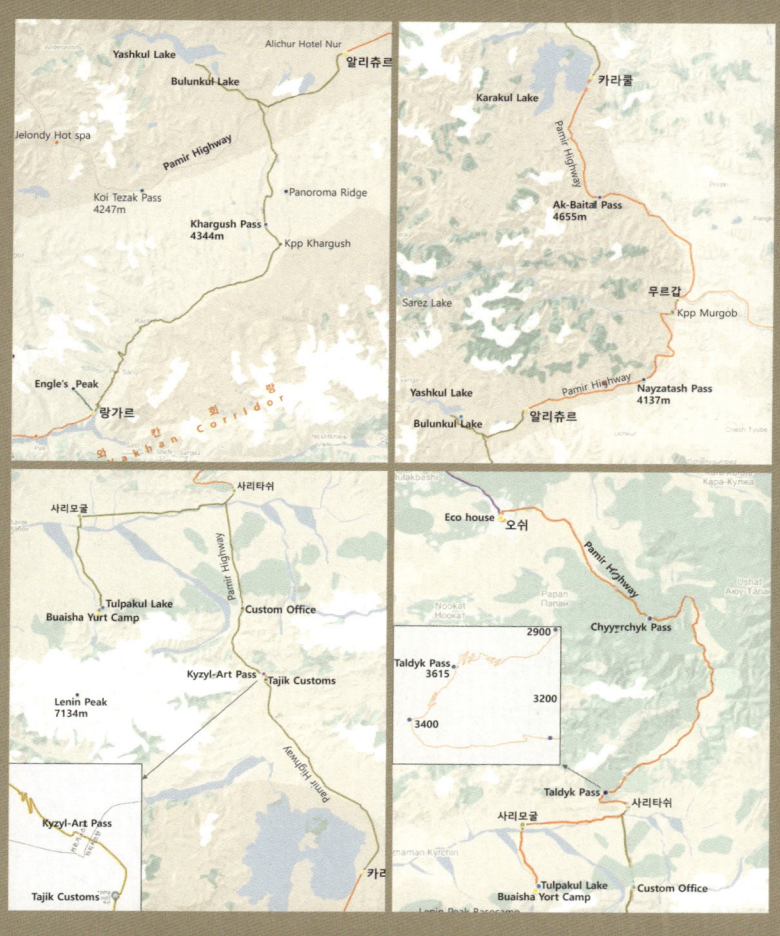

## 카르구쉬 고개를 넘어

랑가르에서 출발하는 길은 시작부터 지그재그였다. 해발 2,800m 에서 곧장 3,100m까지 올라갔다. 와칸밸리를 뒤로 하고 파미르 강을 따라 더욱 험준한 협곡으로 들어갔다. 도로 우측은 위협적인 낭떠러지였다. 협곡 너머의 아프카니스탄 영토인 와칸 회랑은 안개 때문인지 음산하게마저 느껴졌다. 해발 3,500m 지점에서는 불현듯 머리가 멍해졌다. 먹먹하고 살짝 아프기도 했다. 몸의 상태라 생각하고는 그냥 지나쳤다.

얼마를 갔을까? 도로 양쪽으로 노랑 꽃이 보였다. 우리는 동시에 'Photo'를 외쳤다. 3,000m가 넘는 고지의 협곡 위에 핀 꽃을 보다니. 서둘러 꽃을 향했다. 현지에서 사리굴(Sarygul)로 불리는 꽃의 군락이었다. 꽃대만 길게 나와서 피는 사리굴. 선운사의 꽃무릇이 불현듯 떠올랐다. 삭막하기만 한 이곳에 노랑 꽃의 군락은 마음을 따뜻하게 했으며, 눈에는 이슬이 맺히게 했다.

이번에는 돌길인 구간이었다. 돌이 깔려있고, 사이로 물도 흘렀다. 중앙에는 노깡 2개가 보였다. 비가 내리거나 수량이 많으면 건너기 어려울 정도로 도로는 위태롭게 보였다.

그리고 다시 신작로가 나타났다. 이곳 도로는 예측이 어렵고, 사륜구동이나 SUV가 아니면 다니기 어려운 길이다. 일반 승용차로는 주행이 힘들겠다. 언제 비가 내릴지, 그 비가 언제 눈으로 바뀔지는 아무도 모른다. 누구도 예측할 수 없다.

카르구쉬(Khargush) 검문소가 나타났다. 모터사이클 2대도 통과 허가를 기다리는 중이었다. 총을 멘 군인이 나와 도로를 막고 있는 봉을 올려주었고, 오토바이 2대는 출발했다. 우리 차례에도 봉은 금방 올려졌다. 우리는 비포장도로를 따라 계속 나아갔다.

비가 내렸다. 근처에서 소와 양을 이동시키고 있는 목동을 만났다. 그들은 비에 아랑곳하지 않고 활짝 웃고 있었다. 드라이버는 목동의 무리로 걸어가더니 반갑게 손을 잡았다. 한참 떠들썩하게 대화를 나누고 손을 흔들며 목동들은 소와 양의 무리로 걸어갔다.

드디어 해발 4,344m인 카르구쉬 고개(Khargush Pass)를 넘었다. 여기에서 아프카니스탄 영토인 와칸 회랑과 작별해야 했다. 이제부터 보이는 곳은 모두 타지키스탄 영토다. 오전에만 해발 1,500m 이상을 올랐다. 고도가 높아졌지만, 특별한 고통을 호소한 사람은 다행히 없었다. 이런 증상은 나타났다. 머리가 띵해졌는데, 고통이라기보다 멍해졌다는 느낌. 숨을 쉬면 콧속이 싸했다. 꼭 감기처럼 느껴졌다.

드라이버는 거침없이 차를 몰았다. 그리고 평지인 도로에 멈추더니 말했다. 파노라마 릿지(Panorama Ridge)라고.

'4시간 하이킹 코스이고, 해발 4,800m에 이르며 아프가니스탄의 와칸 산맥과 외딴 호수의 미친 전망을 감상할 수 있다'라는 안내가 무색해졌다. 와칸 회랑을 마지막으로 볼 수 있는 기회였지만, 비가 내리고 있는 상황에서 누구도 우중 산행을 선택하지 않았다.

## 블룬쿨과 야식쿨 호수

한참을 달려 자동차는 아스팔트 포장길로 접어들었다. '뜬금없이 웬 포장도로?' 그렇게 5분을 달렸을까! 잘 다져진 흙이 꼭 백사장처럼 펼쳐져 있는 흙길로 들어섰다. 그렇게 약 15km를 달려 차는 멈췄다. 드라이버는 말했다. 블룬쿨(Bulunkul) 호수에요. 습지와 초지가 형성되어 있는 블룬쿨 호수 주변에는 분홍색 꽃도 피어있었다. 하지만, 그곳을 제외한 눈에 보이는 모두는 맨땅이었다. 풀 한 포기 찾아볼 수 없는 황량한 산과, 호수의 꽃과 푸르름이 가득한 습지는 대조적이었다.

해발 4,000m. 근처에는 지구상에서 가장 열악한 환경이라고 하는 블룬쿨 마을이 있다. 겨울엔 영하 50도 가까이 떨어지고, 여름에는 메마르고 뜨거워 농사도 지을 수 없는 척박한 땅이다. 바로 옆에는 야식쿨(Yashkul) 호수가 그 위용을 자랑했다. 부근에서 발원한 물은 야식쿨 호수에 모여 296km를 흘러 호로그로 간다.

 자동차는 흙먼지를 일으키며 달렸다. 자동차가 지나가는 곳이 모두 도로다. 정말 넓은 비포장도로였다.

 군데군데 타원형으로 자라는 식물 무리가 보였다. 테레스켄(Telesken)이다. 테레스켄은 소똥을 연료로 사용하는 경우 그 불쏘시개로 쓰이는데, 사용할 수 있는 크기로 자라려면 10년은 넘어야 한다. 생활에는 꼭 필요하지만, 사라지면 토양 유실 등의 환경 문제의 원인이 된다. 따라서 한번 뽑으면 사실상 복구가 거의 불가능하다고 알려져 있다.

그렇게 한참 흙먼지를 일으키며 달리던 자동차는 포장도로로 올라섰다. 파미르 하이웨이였다. 그러고 보니 블룬쿨 호수를 가기 위해 잠깐 지나친 포장도로도 파미르 하이웨이였다. 호르그에서 갈라져 3일만에 다시 만난 파미르 하이웨이는 포장도로라고 말하기에 난처할 정도로 금이 가거나 패어있었다. 하지만 와칸밸리를 통과하는 도로에 비하면 그래도 감지덕지다. 셀리는 움푹 들어간 곳을 피하려 급히 핸들을 돌리기도 했지만, 과분할 따름이었다.

하늘 아래 낯선 곳이란 없다. 단지 그 여행자에게만 낯설 뿐이다. 파미르는 낯설다. 파미르 하이웨이에서 바라보는 이곳은 파미르 풍경의 일부일 것이다. 하이킹이나 트레킹을 한다면 얼마나 아름다운 풍경을 볼 수 있을까? 그렇게 하려면 도전과 의지와 준비가 필요할 것이다. 자연과 신체의 조화가 필수일 것이다. 고산병을 이겨내야 하며, 장비와 체력의 준비가 선행되어야 한다. 그럼에도 가장 중요한 것은 어쩌면 자연의 허락이 아닐까!

성실한 파미르

## 황량한 알리츄르

해발 3,840m인 알리츄르(Alichur)에 도착했다. 지금 시간이 12시 30분. 파노라마 엣지를 지나쳐서 왔기 때문에 이른 시각에 도착했다. 알리츄르는 파미르 하이웨이 바로 옆에 자리했다. 도로와 같은 높이여서 특별히 정해진 진입로도 없었다. 전체적으로는 횡한 느낌이었으며, 보슬비가 내리는 알리츄르는 정말 추웠다.

먼저 콘테이너 식당에서 점심 식사를 마치고는 곧장 숙소로 향했다. 호주머니에 손을 넣은 목동은 마을을 가로지르며 양과 염소들과 함께 어디론가 가고 있었다. 숙소는 싸늘했다. 난로에 불을 지펴달라고 요청했다. 숙소는 거실과 3개의 방이 있었는데, 난로가 있는 방에 불을 지피면 연통이 다른 방을 거쳐 가면서 난방이 되는 구조였다. 잠시 후 아주머니 한 분이 와서 불쏘시개를 넣고 톱을 지피고는 말린 소똥을 밀어 넣었다. 난로가 있는 방은 금방 훈훈해졌다. 두꺼운 옷으로 서둘러 갈아입었다. 숙소에서는 야생 가축 냄새가 났다. 거실에 있는 세면대 물은 찔끔찔끔 나왔고, 화장실은 마당을 가로질러 가야 했다. 랑가르는 버드나무도 있고 식물도 보이며 경작지도 있지만 막혀 있다는 느낌과 더불어 무언가 불편했다. 알리츄르는 나무도 없고 경작지도 없지만, 시야가 열려 있는 너른 들판이어서 그럴까? 랑가르보다는 편안하게 느껴졌다.

다행히 비가 그쳤다. 우선 도로를 중심으로 마을 반대편을 탐색했다. 도로와 산 사이는 온통 자갈밭이었다. 자갈밭은 산과 만나고, 산은 중턱까지 하얀 눈으로 덮여 있었다. 자갈밭과 산 사이에도 풀이 자라는 지역은 방목하고 있는 가축이 보였다. 검은색으로 3m는 되어 보이는 물체가 있어서 가보았더니 공동묘지였다.

다시 도로를 건너서 마을로 들어왔다. 흙벽이거나 블록 위를 흰색으로 칠한 집이 듬성듬성 있어서인지 모두 닮아 보였다. 연한 파랑으로 칠해진 집은 금방 눈에 띄었다. 흙으로 만든 외양간도 있었으며,

담벼락과 옥상에는 말린 소똥이 질서 정연하게 45°로 배열되어 있었다. 단층의 직사각형 흙집이 군데군데 놓여있는 알리츄르는 꼭 한국의 70년대처럼 느껴졌다. 더불어 자갈과 흙인 맨땅에 들어서 거대한 설산을 이고 있는 것처럼 보이는 건물은 황량했고 을씨년스러웠다.

평소처럼 걸어도 머리가 지끈거렸다. 깊게 숨을 들여 마셔야 했다. 넓은 이곳을 모두 둘러보려는 욕망이 생겨 걸음이 빨라졌다. 그러면 걷는 속도에 비례해서 숨이 가빠졌다. 멈춰서서 깊게 호흡해야 했다. 결국 걷는 속도를 반으로 줄여야만 했다. 걷다 멈추고 깊게 호흡하는 상황이 반복되었다. 더불어 콧속은 휑했고, 머리는 묵직해져 갔다. 추운 날씨여서 감기에 걸린 줄만 알았다.

이번에는 마을 중앙으로 이동했다. 위에서 아래로 저으면 반대편에서 물이 나오는 물 펌프 한 대가 보였다. 초등학교 시절에 마중물이 필요했던 손으로 저었던 물 펌프가 떠올라 저어보고 싶었다. 나는 통두 개에 물을 채워드렸다.

　모스크도 있고, 학교도 보였다. 두툼한 외투와 두건을 쓴 현지 아이들의 웃음이 해맑다. 아이들의 눈은 평온했으며, 빨려 들어갈 것만 같았다. 한 여성이 우물에서 받은 물통을 집으로 옮기고 있었다.

　알리츄르는 시골스럽고 황량한 마을이지만, 자꾸 돌아다니게 하는 묘한 매력을 발산했다. 숨쉬기도 불편하고 춥기도 한 이곳에 정감이 생겨나는 이유는 무엇일까?
　어쩌면 바로 눈앞에 보이는 설산 때문인지도 모르겠다. 눈은 산 대부분을 덮었는데, 너른 풀밭과 연결되기도 했다. 아마도 설산은 풀밭에 생명수를 전해주고 있나 보다. 마을과 가까운 너른 풀밭에는 야크가 한가롭게 풀을 뜯고 있었다. 송아지는 어미 곁을 빙빙 돌며 뛰어다녔다. 설산과 가까운 풀밭은 목동이 이끄는 가축들 차지였다. 설산은 풀을 자라게 했고, 그 에너지는 가축에게로 전달되어 알리츄르에 숨결을 불어 넣고 있었다.

## 적막을 깨는 공연

초원과 설산은 거대한 그림이었다. 입이 다물어지지 않았다. 때마침 햇살이 구름을 따라 바쁘게 움직였다. 나도 서둘러 걸었다. 금방 숨쉬기가 어려워졌다. 하지만 아찔한 풍경 속에서 몸은 습관대로 움직여졌다. 마을을 가로지르는 냇물은 차가웠지만, 어린이들은 아랑곳하지 않고 물에 손을 넣었다 빼내었다 하며 놀이에 여념이 없었다.

마을이 끝나는 부근부터는 거대한 목초지였다. 물이 흐르는 사이로 파란 풀이 자라고 있고, 가축은 먹이활동에 여념이 없었다. 풀밭은 결국 산에서 끝이 났다. 사방을 둘러보았다, 산의 절반이 설산이었다. 마을은 평온하며 고요했다.

해가 기울었다. 멀리서 왕왕거리는 소리가 들렸다. 그 방향으로 수많은 검은 점들이 보였다. 점이 커감에 따라 웅성거림은 요란한 소리로 변해갔다. 결국 점은 동물로 바뀌었다. 야크와 양이었다. 새끼 양은 어미 곁에서 깡충깡충 뛰어다녔다. 야크의 길게 늘어선 털은 이곳의 거친 환경을 말하는 것만 같았다.

목동과 함께 마을에 도착한 가축은 한바탕 공연을 펼쳤다. 가축을 주인에게 인도하는 순간, 모든 가축이 날뛰면서 거칠게 울었다. 친구와 헤어짐이 아쉬운 듯 꽁무니를 따라다니는 녀석도 보였다. 조급한 주인이 나서 양을 몰고 다니면서 공연은 크라이막스로 향했다. 양들은 그를 피하면서 많은 무리가 있는 곳으로 내달리며 거칠게 저항했다. 결국 시간이 지나면서 한 무리의 가축은 한 남자에 이끌렸다. 그는 내 것이 아니었는지 양 한 마리를 돌려보내고는 우리로 가축을 안내했다. 주인은 내 가축 무리를 바로 알아보았다. 집마다 자기만의 표시가 있다고 했다. 가축이 집으로 들어가며 공연은 막을 내렸다. 이내 마을은 평화를 되찾았다.

저녁을 먹기 위해 숙소로 복귀했다. 외양간에도 가축들이 들어왔는지, 울음소리가 들렸다. 식사하면서 요청했다. 혹 젖을 먹을 수 있는지. 한 잔을 가져왔다. 고소하고 진했다. 하지만 야생동물 냄새가 조금은 역겹게 느껴졌다.

## 고산병에 붙들리다

랑가르보다 훨씬 볼거리가 많았다는 나의 말에 부부는 동의했다. 그러면서 평상시처럼 걸으면 숨쉬기가 어렵다고 말했더니, 부부도 그렇다고 했다. 아내는 지금의 상황을 비교적 잘 견뎌내고 있었다. 남편은 고산병에 도움이 되는 약을 랑가르에서 이미 먹고 있었다고 토로했다. 그러면서 나에게도 한 알을 주었다. 고산병은 보통 해발 3,200m가 넘어가면 누구나 경험할 수 있으며, 개인차가 있다고 한다. 나에게도 처방받은 약이 있었다. 견딜 수 있겠다고 판단했다. 나는 문제가 없을 것이라고 여겼는데, 자만심이었다.

연통이 지나가는 방 침대에 누웠다. 그런데 잠시 후 숨쉬기가 어려워졌다. 깊게 숨을 들여 마셔도 마찬가지였다. 어느 시점엔가 호흡이 곤란해졌다. 목이 막혔다. 덜컥 겁이 났다. 급히 밖으로 나왔다. 찬 공기를 들여 마시니 조금 나아졌다. 처방받은 약을 먹고는 다시 침대에 누웠다. 숨쉬기가 불편했다. 거실로 나왔다. 바닥에 앉았다. 추웠다. '벙어리 장갑'과 '벙어리 양말'을 착용하고 침낭으로 들어가 의자에 기댔다. 이번에는 벽에 기댔다. 시간이 흐르니 조금씩 편안해졌다.

주인이 들어왔다. 호흡이 곤란해져 앉아 있다고 알렸다. 그는 다른 방을 안내했다. 그 방에서도 조금은 역겨운 향이 느껴져 그냥 거실에 있겠다고 했다. 혹 의사가 필요하냐고 물었다. 나는 견딜 수 있겠다고 했다. 그는 밖으로 나가더니 고산병에 도움이 된다며 차 한 잔을 들고 왔다. 차를 마시고는 벽에 기대어 안정을 취했다. 마당을 가로질러 화장실에 들락거렸다. 준비한 헤드 랜턴은 유용했다. 침낭에 들어가 벽에 기댄 채 잠을 청했다. 점점 숨쉬기가 편해졌다. 그리고 어느덧 잠이 들었다.

설치기는 했지만, 그래도 잠에서 깨어났다. 다행히 숨쉬기나 몸에 특별한 이상은 없었다. 아침을 먹고 서둘러 떠나려고 했다. 주인이 찾아왔다. 그는 차 한잔을 다시 건네며, 혹 호흡 곤란의 원인이 가스 때문이었다면 미안하다고 하면서 사과했다. 나는 괜찮다고 하면서 그를 꼭 안아주었다.

## 삶의 원동력, 야크

고지대의 파미르에서 살아가는 것. 유목이 아니면 생존에 필요한 에너지를 얻을 수 있을까? 어려울 것이다. 야크는 춥고 매서운 바람이 불어대는 고지대가 오히려 살기 쉽게 진화했다. 또한 아주 작은 풀이 있는 곳에서도 스스로 먹이활동을 할 수 있다. 야크는 추운 날씨에 완벽히 적응한 동물이었다. 파미르와 야크의 완벽한 조합이 얼마나 다행스러운가!

현지인들은 하루에 1~1.5L가 나오는 젖으로 우유, 버터나 치즈 등의 유제품을 만들었다. 질이 좋은 치즈를 만들기 위해서는 저온살균 과정이 필요한데, 야크 배설물이 연료로 사용되었다. 여성들은 고지대의 매서운 추위와 한낮의 더운 날씨와 거센 바람 속에서도 유제품을 만들기 위한 힘든 노동을 반복해야 했다. 다음날이면 또다시 신선한 젖이 나오기 때문이다.

고기와 가죽까지도 야크는 아낌없이 내어주었다. 야크의 배설물은 잘 말려 요리와 난방 연료로 사용했다. 야크 털은 옷이나 유르트를 고정하는 밧줄로 재탄생했다. 밧줄은 질기고 부드러워 공급이 부족하다고 한다.

다행스럽게도 산악 목초지에서 생산되는 제품은 수요가 많고 비싼 값에 팔린다고 한다. 가축은 고지대에서 자연적으로 자란 허브만을 먹으며, 생산된 유제품에 화학물질이나 기타 이물질을 첨가하지 않기 때문이다. 야크는 파미르에서 살아가는 사람들에게 필요한 에너지를 공급하는 원천으로 보였다.

# 콘테이너 시장, 무르갑

다행히 이동하는 중에 호흡이 불편하거나 머리가 아파지지는 않았다. 4,137m의 나이자타쉬(Nayzatash) 고개를 넘어 계속 나아갔다. 무르갑에는 2시간 30분에 도착했다. 무르갑(Murghab)은 타지키스탄에서 해발 3,650m의 가장 높은 도시며, 파미르 지역에서 가장 큰 도시다. 연평균 기온이 -6℃, 가장 추운 1월에는 영하 40℃ 이상으로 떨어지기도 하고, 7, 8월에는 40℃를 넘기도 한다. 매우 건조한 공기, 강하고 차가운 바람, 높은 자외선. 무르갑은 극한 기후로 대변되는 도시였다.

무르갑 인구의 대부분은 키르기스스탄인이다. 원래 무르갑은 극한의 기후를 견딜 수 있는 강인한 키르기스스탄 유목민이 거주하던 곳이었다. 그러나 소련의 붕괴 시기에 만들어진 국경선 때문에 타지키스탄 영토가 되었다. 지금도 매년 8월에는 키르기스스탄의 전통 말축제인 앳 차비쉬(At Chabysh)가 열린다고 한다.

또한 무르갑은 중요 교통 요충지다. 쿨만(Kulman) 고개를 통해 중국의 카슈가르(Kashgar)로 갈 수 있으며, 중국을 오가는 수많은 화물차가 무르갑을 통과했다. 수많은 컨테이너가 있는 곳으로 잘 알려진 무르갑 시장은 중국 화물차와 관계가 있다고 한다. 화물차가 두고 간 콘테이너는 시장으로 변화했고, 지금은 현지 수공예품, 농산물, 생필품을 포함한 다양한 제품을 판매하고 있었다. 무르갑의 첫인상은 알리츄르보다 더 쓸쓸하게 느껴졌다. 흰색의 1층 건물은 을씨년스러웠다. 아마도 그 황량함의 속살은 극한의 자연에서 살아가는 사람들의 매혹적인 삶의 표현이리라.

무르갑에 도착하자 갑자기 비가 내렸다. 급히 우산을 꺼냈다. 비는 곧 우박으로 바뀌었다. 불현듯 비는 잦아들었다. 비로소 우리는 컨테이너 시장을 둘러볼 수 있었다. 사진작가 부부의 셔터는 바쁘게 움직였다. 파미르다운, 파미르에서만의 장면을 사진에 담을 수 있기 때문이었다. 같은 주제를 공유하면서 서로를 격려하는 동반자인 부부의 모습은 정말 아름다웠다.

기온이 영하 40도 이상으로 쉽게 떨어지는 겨울에도 상품을 판매하고 있는 이 시장은 상업 장소일 뿐만 아니라 현지인과 여행자가 모이는 장소였다. 앞으로도 문화적 교류가 더욱 빈번해지기를 염원해 보았다.

## 사랑의 악바이탈 고개

　창밖은 비현실적인 세상이었다. 저 멀리 빙하가 녹은 물은 이곳으로 흘러 대지를 적시며 생명에 활력을 불어넣었다. 오직 물이 있는 부근에만 식물은 자랐고, 대부분은 풀 한 포기 나무 한 그루 자라지 않는 들판이거나 산이었다. 때로는 붉게, 혹은 황톳빛 피부가 그대로 드러났다. 하염없이 비슷한 풍경은 이어졌다.

그런데 풍경이 바뀌었다. 물이 있어도 녹색의 식물은 점점 줄어들었다. 물은 얼음으로 존재하고, 산은 점점 눈으로 점령당했다. 파미르 하이웨이에서 가장 높은 구간인 악바이탈(Ak-baital) 고개에 접어들었다는 신호였다.

해발 4,655m의 악바이탈 고개를 향하는 길에 눈이 내리면서 세상은 하얗게 변해갔다. 더불어 우뚝 솟은 봉우리와 넓고 광활한 고원은 안개에 휩싸여 하늘과 분간이 어려워졌다. 거침없는 날씨 변화는 파미르 산맥의 웅장함과 더해져 자연의 경외감을 불러일으켰다. 이곳에서 생명체가 살아갈 수 있을까? 오직 질긴 생명력으로 얼음에서도 살아가는 풀 몇 포기가 유일했다.

그렇게 한참을 올라가던 자동차가 멈추었다. 악바이탈 고개인가요? 우리의 물음에 드라이버는 고개를 끄덕였다. 우리는 차에서 내렸다. 벌어진 입이 다물어지지 않았다. 세차게 부는 바람에도 나는 뛰어서 뷰포인트로 갔다. 숨쉬기는 답답해지고 있었지만, 조금이라도 앞에서 보려는 욕망이 나를 휘감았다.

하얗게 덮여 있는 장엄한 봉우리들은 안개와 만난 후 하늘로 사라졌다. 그저 저기에 있을 것이라고 짐작할 뿐이었다. 왜 파미르를 세계의 지붕이라고 부르는지 알 것 같았다. 땅과 하늘을 분간할 수 없었다. 내가 발을 딛고 있는 곳이 땅이고, 바로 위가 하늘이었다.

누가 만들었을까! 하트 모양의 구조물을. 극한의 조건인 이곳을 넘어가려는 사람들의 마음일까? 아니면 현지인의 표현일까?

자연의 품이 허락해야만 넘어설 수 있는 이곳에도 사람이 전한 사랑의 온기가 가슴으로 전해졌다.

산을 오르거나 사진 촬영을 하는 것, 혹은 운이 좋아 보기 드문 눈표범이나 아이벡스를 관찰하는 것도 독특한 체험이 될 것이다. 더불어 라이더가 되어 자전거로 악바이탈 패스를 넘는 도전은 자연의 경외심과 놀라운 풍경을 흡수할 좋은 기회가 될 것이다. 이곳은 '빠름보다는 천천히'가 어울리겠다는 생각이 스쳐 지나갔다.

성실한 파미르
-

16일의 두샨베는 한여름이었고, 19일의 호로그는 가을이었다. 20일의 알리츄르는 초겨울이었는데, 지금 이곳은 겨울, 아니 한겨울이다. 6월에서 9월까지만 파미르의 길이 열린다고 하던데, 실감이 났다. 이곳을 지나가려면 튼튼한 차와 두꺼운 옷을 준비해야 하며, 희박한 공기에 적응해야 한다. 가이드가 딸린 차량으로 정해진 기간에 파미르를 여행하는 방식은 제시간에 우리를 목적지에 도착하게 할 것이다. 하지만 자유롭게 파미르를 여행할 수 있다면, 머물고 싶으면 머물다 떠나고 싶으면 떠나는 여행이 가능할 것이다. 위험이 따르며, 철저한 준비가 필요할 것이다. 한 달이 넘게 걸릴 수 있으며, 힘들고 불편한 시간의 연속일 것이다.

하지만 뚜렷하게 빛나는 별을 바라보는 그것으로, 모진 풍경에 정신이 팔려 반나절을 보내는 그것으로 보상은 충분하지 않을까! 언젠가 꼭 도전해 보고 싶은 욕망이 마구마구 생겨났다.

## 검은 호수 카라쿨

비로소 안도의 한숨이 나왔다. 한결 상쾌해졌다. 안개와 두꺼운 흰 구름은 사라졌고 푸른 하늘이 고개를 내밀었다. 설산의 고봉도 뚜렷한 모습으로 나타났다.

극적이었다. 비가 내리더니 우박으로, 그리고 눈으로 변했다. 거친 바람과 더불어 이내 온통 잿빛 세상이 되었다. 다시 하늘이 열리더니 햇살 가득한 세상으로 돌아왔다. 불과 2시간 속의 세상이었다. 그렇게 30분을 더 달렸다. 좁고 길게 호수가 보였다. 그곳에서부터 카라쿨 호수(Karakul Lake)를 바라보며 20km를 달려 해발 3,960m인 카라쿨 마을에 도착했다.

키르기스어로 검은 호수를 의미하는 카라쿨 호수는 수십만 년 전, 거대한 운석이 파미르에 떨어지면서 형성되었다. 200m 이상의 깊이 때문에 바람이 불면 호수가 거칠어지고 주변에 있는 흙과 물이 섞여 까맣게 보인다고 한다. 카라쿨이 검은 호수라 붙여진 이유다. 10월이 되면 얼기 시작해 이듬해 6월이 되어야 얼음이 녹는다고 한다. 호수는 서울의 절반 크기이며, 들어오는 물은 있으나 빠져나가는 곳이 없어서 지금도 넓어지고 있다.

오후 4시 30분부터 마을을 둘러보았다. 카라쿨 마을은 알리츄르보다 더욱 황량했다. 1층의 흰 가옥 주위로 녹슨 자동차 잔해가, 건물이 없는 땅에는 바위나 돌이 널려있었다. 꼭 고립된 지역에 온 것처럼 느껴졌다. 카라쿨 호수가 없다면 말이다.

사방이 산으로 둘러싸인 카라쿨 호수는 거대했다. 한쪽 끝은 보였으나 나머지는 산에 가려 가늠조차 할 수 없었다. 지도에서 보면 보이지 않는 부분이 배는 컸다. 바람에 흰 거품이 일며 다가오는 파도는 바다처럼 느껴졌다. 호수와 마을 사이는 거대한 목초지였다. 섬, 습지, 습한 초원, 자갈 및 모래 평원도 있었다. 습지는 둥글게 솟은 지역도 있었는데, 그곳에서 호수 너머로 보이는 설산은 장엄했다.

저 너머에는 파미르 산맥에서 가장 높은 해발 7,495m인 이스마일 소머니(Ismoil Somone) 봉도, 길이 75km, 너비 2~3km로 세계에서 내륙으로는 가장 긴 페드첸코 빙하(Fedchenko Glacier)도 있을 것이다.

한국인 부부도 사진 촬영에 여념이 없었다. 같은 곳에서 같은 지역에 서 있지만, 바라보는 시선은 서로 다를 것이다. 서로 만나고 헤어지기를 반복했다. 그렇게 2시간을 넘게 호수 주변을 돌아다녔다.

**성실한 파미르**

## 타지키에 사는 키르기스 사람들

오후 4시에 짐을 풀었다. 먼저 충전을 시도했다. 그런데 표시등이 들어오지 않았다. 스위치를 켰는데도 등은 밝아지지 않았다. 방에는 난방 시설도 없었다. 추운 겨울에 난방이 없는 곳에서 잠을 자야 하는 상황이었다. 난감했다. 주인의 설명에 의하면 전기는 저녁 7시부터 3~4시간 정도 공급된다고 했다. 카라쿨의 현실이 짐작되었다. 나는 거실에 있는 소파에서 잠을 잘 계획을 세웠다. 외기와 직접 닿는 방보다는 안락했으며, 침낭의 힘을 믿었기 때문이었다.

숙소와 딸린 부엌에서는 음식을 준비하느라 모녀의 손길이 분주했다. 곧 전기가 들어올 시간이라며 남편은 발전기를 이리저리 살폈다. 잠시 후 마침내 거실에 불이 켜졌다. 더불어 갑자기 굉음이 울렸다. 마당에 있는 발전기가 돌아가는 소리였다. 거실의 모든 전등에 불이 들어오더니 콘센트도 사용할 수 있게 되었다. 우리는 박수치며, 환호했다. 파미르의 현실을 체험하면서 숙박과 음식을 해결할 수 있는 공간이 있다는 것만으로도 다행스럽다는 생각이 들었다. 어쩌면 이곳에서의 최고 대우를 받고 있는지도 모르겠다. 한국의 서울과는 극단적으로 다른 환경이지만, 극단의 환경을 극복하면서 살아가는 이곳 사람들이 위대하게 느껴졌다.

안주인은 내일 아침 식사에 대해 물었다.
"내일 아침 식사 시간은요?"
"8시면 좋겠어요."
"키르기스스탄 시간인가요? 타지키스탄 시간인가요?"
"…" 우리는 어리둥절하며 샬리를 바라보았다. 그녀는 덧붙여 말을 이어갔다.
"여기서는 키르기스스탄 시간을 사용해요. 타지키스탄보다 1시간 빠르답니다." 샬리가 대답했다.
"네, 타지키스탄 시간이에요."

성실한 파미르

국가의 분쟁 때문에 본인의 의지와 상관없이 나라가 바뀌었다. 하지만 살던 습관은 예전 그대로의 모습을 유지하고 있는 카라쿨 사람들. 나라는 타지키스탄이지만, 그녀는 키르기스스탄인으로의 삶이 더욱 자연스러워 보였다.

거실에 있는 긴 소파 위에 침낭을 펼쳤다. 타지키스탄의 마지막 밤을 그곳에서 보냈다. 아늑했다.

## 국경과 국경 사이

　타지키스탄 국경까지는 약 50km. 중국이 설치해 놓은 철책을 따라 이동했다. 출발할 때 맑은 날씨는 비로 바뀌더니 이내 햇살이 비쳤다. 묘하게도 삭막한 산에 햇살이 비치니 거대한 생명으로 느껴졌다. 도로에도 햇살이 가득했다. 물이 흐르고 커다란 돌이 있고 움푹 들어간 구간도 있지만, 그래도 도로다. 황토색 표층과 바위를 지나니 온통 붉은색 산이다. 또 어떤 산은 연한 자주색이다. 생명의 흔적은 찾아볼 수 없지만, 다양한 색의 암석이 산을 수놓고 있었다.

국경에는 오전 10시에 도착했다. 반대편에서 자전거로 여행하는 두 사람은 군인들이 총을 메고 근무하는 검문소를 방금 지나갔다. 드라이버는 이번에도 서류를 가지고 나갔다. 다른 검문소보다 확인하는 시간이 좀 걸렸다. 드라이버는 돌와왔고, 우리는 출발했다. 100m 앞에서 총을 멘 군인이 다시 서류를 확인했다. 이번에는 20분 만에 문이 열렸다.

하지만 여기서부터 타지키스탄 국민은 국경을 통과할 수 없다. 아쉽게도 우리는 드라이버인 샬리와 헤어져야 했다. 키르기스스탄에서 오는 차로 갈아타야 했다. 키르기스스탄에서 온 차량에 짐을 옮겨 실었고, 군인 1명이 차량에 동승을 했다. 키르기스스탄으로 가는 해발 4,280m의 키질 아트 패스(Kyzyl Art Pass)는 굴곡진 고갯길의 연속이었다. 약 20km인 국경에서 키르기스스탄 출입국 사무소까지의 도로는 군인과 관광객만이 지나다니고 있었.

타지키스탄과 키르기스스탄의 국경 분쟁은 이곳을 더욱 고립된 지역으로 만들고 있다. 현재는 여행객만이 국경을 넘을 수 있다. 두 나라 국민은 국경을 넘기가 사실상 어렵다. 사람이 왕래해야 고립에서 벗어날 수 있다. 두 나라 국민이 자유롭게 이동할 수 있기를 염원한다.

## 툴파쿨 호수를 거닐다

고개 하나를 넘었는데 산의 색은 극적으로 달라졌다. 산의 형태나 높이는 비슷한데, 정상 근처까지 풀이 자라고 있었다. 타지키스탄 산에는 풀 한 포기를 찾아볼 수 없으나, 키르기스스탄에 들어오는 순간 '여기는 생명이 살아 숨 쉬는 낙원'이라는 생각이 들었다. 놀랍기만 했다. 어떤 경계로 보였다. 키르기스스탄은 넓은 들판이 많고, 풀은 광범위하게 자라고 있었다.

흙탕물이 흐르는 계곡 주위는 온통 풀밭이고, 그곳에 사는 마못도 여러 개체가 보였다. 풀밭에서 풀을 뜯는 양들도 분주히 움직였다. 이리 기웃 저리 기웃하며 달리는 자동차는 건물이 보이면서 드디어 평온함을 되찾았다.

12시에 키르기스스탄 출입국 사무소에 도착했다. 짐 검사와 입국 심사에 시간이 걸렸다. 일상처럼 우리는 곧 출발했다.

사방이 검은색으로 보이는 산 위로 흰색의 설산이 보였다. 초원은 산 아래까지 펼쳐졌다. 수많은 말이 초원에서 풀을 뜯거나, 거닐었다. 그 한가운데로 난 도로를 달려 키르기스스탄의 첫 도시인 사리타쉬(Sary Tash)에 도착했다.

식당에서 심카드를 구매하고 환전도 했다. 주문한 닭고기는 정말 맛있었다. 자동차는 사리모굴(Sary Mogul)로 향했다. 우리는 35km를 달려 도착한 사리모굴에서 좌회전하여 키질 슈(Kyzyl suu)강을 건넜다.

먼지를 날리며 평지의 길을 따라 20km를 달렸다. 저 멀리 설산 아래로 푸른 초원 틈에 앉아 있는 호수가 보였다. 해발 3,500m인 툴파쿨(Tulpakul) 호수다. 호수와 초원 사이사이에 자리한 흰색의 유르트 수십 개는 이국적이었다. 길을 크게 돌아 호수를 지나치는 순간 우리는 모두 'Photo'를 외쳤다. 어제와는 너무나 대비되는 현실이었다. 바람 한 점 없는 호수는 모두를 투영했다. 호수와 유르트 사이 초원에는 야크와 말이 풀을 뜯으며 걸어 다녔고, 형형색색의 꽃들이 우리를 향해 웃음을 보였다. 평화롭고 평온했다. 천국이었다. 한참을 멍하니 명상하듯 바라보았다.

호수 바로 위쪽에 있는 유르트를 지나쳐 그 위에 있는 유르트에서 자동차는 멈췄다. 오후 2시 30분이었다. 우리가 머물 두 개의 유르트가 정해졌다. 서둘러 배낭을 내려 침대에 올려놓고는 밖으로 나왔다. 유르트 앞에는 흔들의자가 있었고, 툴파쿨 호수가 훤히 내려다보였다.

조그마한 국화를 닮은 식물은 노랑 꽃을 피웠다. 언덕에는 보라색 꽃도 보였다. 언덕 너머는 붉은 토양이 보이는 협곡이었고, 그 사이로 흰 거품을 머금은 강물이 거세게 요동을 쳤다. 그 너머는 만년설로 뒤덮인 산이 자리하고 있었다.

그 언덕과 초원이 만나는 곳에도 열 개의 유르트가 자리 잡았다. 주위에는 나무로 만든 울타리가 있었고, 말의 쉼터였다.

건너편 산은 붉은색이었다. 정상의 3/4 부근까지 들어찬 초원과 붉은색인 계곡이 마치 거대한 등산로처럼 보였다. 무채색으로 보이는 산과 흰 구름은 이곳이 마치 하늘인 듯한 착각을 불러 일으켰다.

6시 30분이 넘어가면서 태양은 굴곡진 언덕을 간신히 비추었다. 순간 굴곡에는 연한 풀과 짙을 풀로 보이게 하는 명암이 생겼다. 서둘러 사진기를 작동시켰다. 불과 10분 만에 햇볕은 언덕에서 사라져갔다.

## 탈틱을 넘어 오쉬로

넓은 평야를 가르며 자동차는 거침없이 달렸다. 정상은 온통 돌인데, 대부분 초원으로 덮여 바위만 보이는 산이 정면으로 보였다. 다리를 건너 사리모굴을 지났고, 사라티쉬도 아득해졌다.

그렇게 10분을 달렸다. 험한 고개 하나를 지나더니 정상에서 드라이버는 브레이크를 밟았다. 정상에서 산 아래까지 계속 지그재그를 반복하는 길이 나타났다. 아찔했다. 탈딕 고개(Taldyk Pass)였다. 알라이 산맥(Alay Mountains)에 있는 해발 3,615m의 탈딕 고갯길은 오쉬로 가는 파미르 하이웨이의 마지막 관문이었다. 탈딕 고개에서 10번의 U자 회전을 하며 자동차는 해발 3,600m에서 2,900m로 곧장 내려갔다. 지그재그로 움직여서인지 아니면 고도차 때문인지 자동차 내부는 덥게 느껴졌다.

마지막으로 도로를 점령하며 이동하고 있는 소 무리의 환영 앞에서 잠시 멈추고는 그들의 행진을 바라보았다.

오쉬에는 2시 30분에 도착했다. 5시간 만에 해발 3,500m에서 963m로 2,500m를 내려왔다. 아침은 겨울이었고, 오후는 한여름이었다. 해발 963m의 오쉬는 정말 더웠다. 사진작가 부부와 같은 숙소인 에코 하우스(Eco House)에 도착했다. 오랜만에 샤워하며 휴식을 취했다. 1층 정원에서 차를 마시며 소파에 앉았는데, 잠이 몰려왔다.

저녁 식사를 위해 우리는 한식당인 대장금으로 걸어서 갔다. 오랜만의 비빔밥은 꿀맛이었다. 미역국도 감칠맛이 뛰어나 한 번 더 달라고 요청했다. 김치도 여느 한국 식당과 같은 맛이었다. 술도 한잔 곁들였다. 대장금은 한국의 한식당을 오쉬로 옮겨 온 것만 같았다. 여름에 시작해 가을과 겨울을 거쳐 다시 여름으로 돌아온 지금, 한국 음식은 그동안의 고단함을 모두 녹여주었다.

말을 타고 12일간 이 고원을 지나게 되는데, 그곳을 파미르라고 부른다. 12일 동안 마을이나 오두막 한 채도 눈에 띄지 않고, 가도 가도 끝없는 길만 나 있는 사막과 같은 곳이어서 먹을 것을 구할 수가 없다.

-마르코폴로

## 마지막 관문으로

이제 내일부터는 타슈켄트로 이동하는 시간이다. 안디잔(Andijon)에서 하루를 머물고, 타슈켄트는 기차로 간다. 타슈켄트에서 하루를 보내고 27일 저녁에 귀국하면 이번 여행은 끝이다. 오늘이 24일이니 이제 3일 남았다.

서둘러 아침을 먹고 짐 정리를 했다. 숙소에서 도스톡(Dustuk) 국경까지 이동하는 택시를 불렀다. 200솜. 50솜이 부족했다. 환전하기에는 너무 적은 금액이다. 환전하면 되지만, 남은 솜은 사용할 수 없게 된다. 다행스럽게도 사진작가 부부가 해결사였다. 부부는 7일 정도 키르키스스탄 여행을 한 후 귀국한다고 했다. 아쉽게도 부부와 헤어졌다.

다시 혼자다. 숙소에서 국경까지는 약 10km. 오늘이 도로에 시장이 서는 날이어서 차가 막혔지만, 쉽게 도착했다. 배낭을 메고 출입국 사무소 Dostuk Kgz-uz Border로 들어갔다. 많은 사람이 대기하고 있어 30분이 지나도록 좀처럼 줄은 그대로였다. 대부분 현지인이었으며, 관광객은 거의 보이지 않았다.

그런데 근무자 한 사람이 나에게 손짓하며 오라고 했다.

"관광객인가요?"

"네."

"여권주세요." 나는 여권을 내밀었다. 그는 통과 손짓을 하며 말했다.

"네, 좋습니다. 관광객이어서 먼저 처리했어요."

"고맙습니다."

250m를 걸어 우즈베키스탄으로 입국했다. 보름만이었다. 우즈베키스탄 출입국사무소 Tamoshennyy post Dustlik도 쉽게 통과했다.

택시 운전사가 말을 걸어왔다. 나는 안디잔에 간다고 했고, 그는 바로 출발할 수 있다고 했다. 그를 따라갔더니 3명의 현지인이 차에서 기다리고 있었고, 그의 말처럼 택시는 곧바로 출발했다. 요금을 정하기 위한 흥정은 할 새가 없었다.

안디잔의 자혼 바자르(Jahon Bozori)로 갔다. 시장에서 샤슬릭과 삼사를 사 먹었다. 빵을 굽고 있는 화덕을 들여다보기도 하면서 한가롭게 시장을 둘러보고 있는데, 피로가 한꺼번에 몰려왔다. 걷는 것도 벅찼

성실한 파미르

고, 숨쉬기도 힘들었다. 멜론 1개를 산 후 숙소로 돌아와 잠을 잤다.

6시 30분에 일어나 멜론을 먹었다. 밖에 나가 주위를 둘러보는데, 높은 첨탑이 눈에 띄는 모스크가 보였다. 7시가 넘어 조금 어두웠지만 걸어갔다. 1.5km 거리에 있는 하자티 비라이 모스크(Hazreti Bilai Mosque)였다. 예배 시간이 끝났는지 사람들이 몰려나왔다. 그 시각에 차 한 대가 멈추고 납작한 복숭아와 멜론을 팔았다. 한참을 지켜보다가 나도 복숭아 5개를 샀다. 길은 어두웠지만, 간간이 있는 가로등을 벗 삼아 복숭아를 먹으며 숙소로 복귀했다.

26일 저녁, 타슈켄트 기차역에서 그 숙소로 향했다. 다음 날 새벽에 일어나 3층 복도에 있는 소파에 누워 이번 여행의 마지막 아침을 만끽했다.

성실한 파미르

## 참고문헌

윌리엄 제임스, 김재영 옮김 『종교적 경험의 다양성』 한길사 2014
이븐 할둔, 김호동 옮김 『역사서설』 까치글방, 2015
김규현 『파미르 고원의 역사와 문화 산책』 글로벌콘텐츠, 2017
A. S. 바우치, 김홍표 옮김 『냄새 코가 뇌에게 전하는 말』 도서출판 세로, 2020
프레드 포로벤자, 안종설 옮김 『영양의 비밀』 ㈜로크미디어, 2020
강진숙 『파미르의 시간』 ㈜호밀밭, 2023
이나가키 히데히로, 박유미 옮김 『패자의 생명사』 도서출판 더숲, 2022
손영종, 『우주 레시피』 오르트, 2015

## 부록

### 우즈베키스탄의 이슬람 건축 요소들

우즈베키스탄 여행에 도움이 되는 이슬람 건축의 요소들을 간단하게 정리했다.

1. 모스크(Mosque): 무슬림들의 기도를 위한 장소이다. 건물 내부는 공개된 형태로 만들어지는데, 이는 많은 참배자들의 동시 기도가 목적이다. 금요일에는 많은 사람들이 모여서 동시에 기도하는 거대한 모스크가 있다. 그런 기능을 가진 모스크를 회중모스크 혹은 금요일 모스크라 부른다.
2. 마드라사(Madrasa): 이슬람 신학교를 지칭한다. 과거에는 마드라사에서 신학 외에도 많은 분야의 학문을 전수했다. 일반적으로 사각형 회랑으로 둘러싸인 정원을 가지고 있으며, 회랑은 학생들의 기숙사로 사용되었다.
3. 영묘(mausoleum): 통치자나 귀족, 종교적으로 위대한 사람들의 시신을 안치하기 위한 건물이다. 주로 이슬람인들은 존경받았던 사람 주변에 묻히고자 하였다. 그래서 영묘 주변으로 많은 무덤을 볼 수 있다.
4. 미나렛(Minaret): 기도 시간을 알리기 위한 첨탑으로, 기도 시간이 되면 '아잔'이라고 하여 노래와 같은 기도 시간 알림을 한다. 특히 높은 미나렛은 감시초소 등의 목적으로 사용하기도 했다.
5. 돔(Dome): 모스크나 영묘, 마드라사 모두 돔이 있다. 일반적으로 돔은 건물의 크기에 비례하며, 환기에 효과적이다.
6. 미흐라브(Mihrab): 메카 방향으로 향하는 벽감이다. 매우 화려하게 장식되기도 하고, 단순하게 마감되기도 한다.
7. 무카르나스(Mukarnas): 이슬람 건축 천장 장식의 일종으로 벌집 모양 혹은 종유석

모양이다.
8. 이완(Iwan): 이슬람 건축의 출입구 혹은 중앙에 있는 입구의 내부 구조를 지칭한다. 주로 세 방향은 막혀있고, 한 방향은 뚫려있다. 아치 혹은 반 돔형 구조이다.
9. 피스타크(Pistaq): 이완을 둘러싼 사각형 프레임 구조를 말한다. 보통 다양한 기하학적 문양, 캘리그라피 등으로 화려하게 장식된다.

## 허가증

1. GBAO(Gorno-Badakhshan Oblast)는 고르노-바다흐샨 자치구(칼라이쿰에서 키질 아트 고개의 키르기스스탄 국경까지)로, 타지키스탄 비자 외에 필요한 특별 허가증이다. 허가증 소지자는 사레즈 호수의 영토를 제외한 바다흐샨의 자치 산악 지역에 입장 할 수 있다.
파미르고원을 여행하려면 반드시 필요한 허가증이며, 신청 방법은 다음과 같다.
   1) 두샨베에 도착한 후 내무부의 비자 및 외국인 등록부(OVIR)에서 직접 신청
   2) 온라인으로 발급 www.evisa.tj
   3) 여행사에 대행

2. 타지키스탄과 키르기스스탄 국경을 통과하려면 키르기스스탄 경제상업부 산하 관광국(Department of Tourism under the Ministry of Economy and Commerce of the Kyrgyz Republic) 의 승인이 필요하다. 자세한 정보는 다음에서 얻을 수 있다.
   1) 주한 키르기스스탄공화국 대사관 홈페이지 공지사항 1460번 참조 (https://overseas.mofa.go.kr).
   2) 문의 : '보소고'(국번없이 7000), 대사관 영사과(0312-570-055)
   3) 여행사에서 대행

## 파미르 고원 여행을 위한 체크리스트

### 1. 여행하기 전에 준비해야 할 것

| 목록 | 내용 |
|---|---|
| 비자 | 한국인은 60일 면제 |
| GBAO 허가증 | www.evisa.tj, 두샨베, 여행사 |
| 투어 계획 | 자동차 랜탈, 드라이버+차량 등 |
| | 추천 : vistalay.com |
| Maps.me, 고도계 | 지도 앱 |
| 여권 및 GBAO 허가 사본 | 사본 10장 |
| 국경 통과시 필요 허가증 | 키르기스스탄 관광국 |

### 2. 여행시 필요한 물품

| 목록 | 내용 |
|---|---|
| 식수 | 대형(5~10L) 용기로 구매 |
| 비상시 간식 | 두샨베, 호르그, 오쉬에서 준비 |
| 고산병 치료제, 지사제 등 | 꼭 처방받을 것 |
| 멀미약, 일반 의료 용품 | |
| 환전(소머니) | 두샨베, 호르그 등 |
| 세면도구, 화장지, 물수건, 보조배터리, 헤드램프 등 | |
| 하이킹 복, 선글라스, 선크림, 겨울용 옷, 침낭 등 | |
| 선택 : 비상 산소 공급기, 휴대용 태양열 충전 패드 | |

### 파미르고원의 고도와 거리, 이동시간

| 출발~도착 | 거리(km) | 운전시간(h) | 고도(m) |
|---|---|---|---|
| 두샨베 ~ 칼라이쿰 | 420 | 6 | 1,200 |
| 칼라이쿰 ~ 호로그 | 260 | 8 | 2,100 |
| 호로그 ~ 랑가르 | 225 | 6 | 2,800 |
| 랑가르 ~ 알리츄르 | 140 | 5 | 3,840 |
| 알리츄르 ~ 카라쿨 | 230 | 5 | 3,900 |
| 카라쿨 ~ 툴파쿨 호수 | 150 | 5 | 3,500 |
| 툴파쿨 호수 ~ 오쉬 | 230 | 5 | 963 |

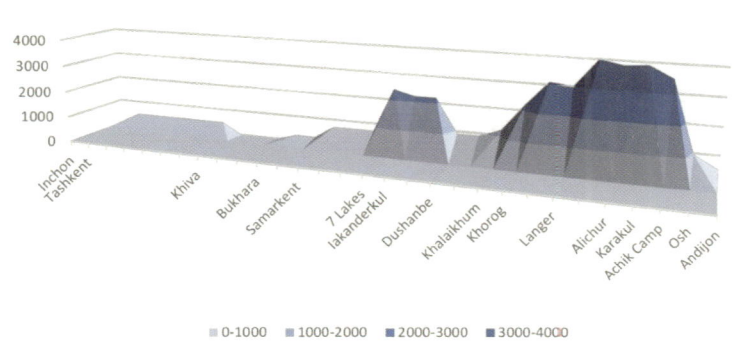

## 중앙아시아 3개국의 계절별 평균 온도

### 우즈베키스탄(타슈켄트)

| 구분 | 봄 | | | 여름 | | | 가을 | | | 겨울 | | |
|---|---|---|---|---|---|---|---|---|---|---|---|---|
| 월 | 3 | 4 | 5 | 6 | 7 | 8 | 9 | 10 | 11 | 12 | 1 | 2 |
| 최고(℃) | 14 | 22 | 28 | 33 | 36 | 34 | 29 | 21 | 13 | 8 | 6 | 8 |
| 최저(℃) | 4 | 8 | 14 | 18 | 19 | 17 | 12 | 7 | 2 | -1 | -3 | -1 |
| 강수량(mm) | 56 | 28 | 10 | 4.6 | 1.3 | 2.3 | 5 | 19 | 36 | 36 | 36 | 49 |

### 타지키스탄(두샨배)

| 구분 | 봄 | | | 여름 | | | 가을 | | | 겨울 | | |
|---|---|---|---|---|---|---|---|---|---|---|---|---|
| 월 | 3 | 4 | 5 | 6 | 7 | 8 | 9 | 10 | 11 | 12 | 1 | 2 |
| 최고(℃) | 14 | 21 | 26 | 32 | 35 | 34 | 29 | 22 | 15 | 9 | 7 | 9 |
| 최저(℃) | 4 | 10 | 13 | 17 | 19 | 17 | 12 | 8 | 3.5 | 1 | -1 | 0 |
| 강수량(mm) | 34 | 25 | 15 | 5.4 | 1.6 | 0.6 | 0.5 | 4.6 | 14 | 15 | 15 | 40 |

### 파미르고원(무르갑)

| 구분 | 봄 | | | 여름 | | | 가을 | | | 겨울 | | |
|---|---|---|---|---|---|---|---|---|---|---|---|---|
| 월 | 3 | 4 | 5 | 6 | 7 | 8 | 9 | 10 | 11 | 12 | 1 | 2 |
| 최고(℃) | -1 | 6 | 11 | 16 | 20 | 19 | 14 | 6 | 0 | -5 | -7 | -5 |
| 최저(℃) | -14 | -6 | -1 | 1 | 4 | 3 | -1 | -5 | -12 | -17 | -20 | -19 |
| 강수량(mm) | 15 | 34 | 7 | 27 | 20 | 26 | 77 | 47 | 14 | 3 | 5 | 1 |

**키르기스스탄**(비슈케크)

| 구분 | 봄 | | | 여름 | | | 가을 | | | 겨울 | | |
|---|---|---|---|---|---|---|---|---|---|---|---|---|
| 월 | 3 | 4 | 5 | 6 | 7 | 8 | 9 | 10 | 11 | 12 | 1 | 2 |
| 최고(℃) | 9 | 18 | 23 | 28 | 31 | 30 | 25 | 17 | 9 | 4 | 2 | 3 |
| 최저(℃) | -1 | 6 | 10 | 14 | 17 | 15 | 10 | 4 | -2 | -7 | -9 | -8 |
| 강수량(mm) | 43 | 59 | 61 | 55 | 27 | 15 | 17 | 31 | 37 | 40 | 18 | 22 |

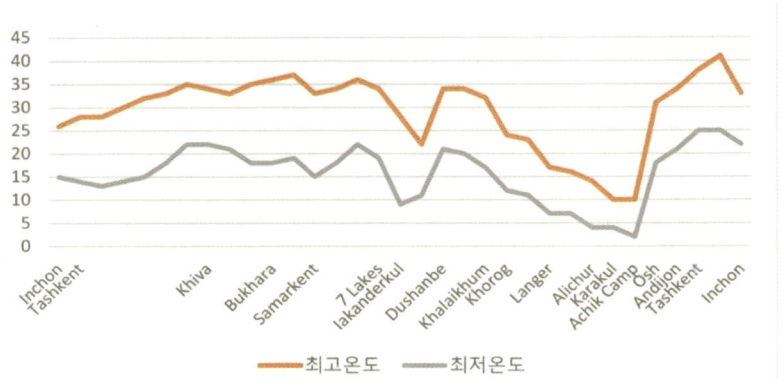

## 파미르고원의 동물

눈표범: 이 지역의 최상위 포식자로, 주로 고산지대에서 서식하며 마르코폴로 양과 같은 큰 먹이를 사냥한다.

늑대: 무리 지어 다니며, 겨울철에는 가축을 공격하기도 한다.

마르코폴로 양: 큰 뿔을 가진 산양으로, 눈표범의 주요 먹이 중 하나이다.

아이벡스: 높은 산악지대에서 서식하는 야생 염소로, 뛰어난 등반 능력이 있다.

수염수리: 큰 맹금류로, 주로 죽은 동물의 뼈를 먹는다.

마멋 : 다람쥐과의 포유류로 이들 마멋류를 총칭하는 말로 쓰인다.

## 참고 홈페이지

https://bikash.co.kr : 비카스 해외유랑기(우즈베키스탄)
www.einpresswire.com : Opening ceremony of the Central Cathedral Mosque of Dushanbe~
www.tripadvisor.co.kr : NOOR ART GALLERY
www.edaily.co.kr : (갑자기 배낭여행) 실크로드 핫플 '사마르칸트'로 모여!
www.jungle.co.kr : 모스크, 역사의 상징
www.booking.com : 중앙아시아 숙박 예약
www.evisa.tj : 타지키스탄 GBRO permit 신청 정보
wwwnc.cdc.gov : 여행자의 건강 관련 정보 안내
https://eticket.railway.uz : 우즈베키스탄 열차 예매
www.google.com : 내지도 작성, 여행 지도 작성 및 검색
https://en.wikipedia.org : 무료 백과사전
www.journalofnomads.com : 백패커, 모험 여행가를 위한 여행 정보 안내
https://notanotherbackpacker.com : 장기여행 관련 여행 정보 안내
www.goingthewholehogg.com : 타지키스탄, 키르기스스탄 여행 정보 안내
https://caravanistan.com : 중아아시아 투어, 여행 정보 안내
https://central-asia.guide : 중앙아시아 투어, 여행 정보 안내
www.centralasia-travel.com : 중앙아시아 여행 정보 안내
www.advantour.com : 중앙아시아, 타지키스탄 여행 정보 안내
www.nomadasaurus.com : 세계, 중앙아시아 여행 정보 안내
https://visitalay.com : 중앙아시아 투어 서비스
https://people-travels.com : 중앙아시아 여행 정보 안내
www.orientalarchitecture.com : 아시아, 우즈베키스탄 여행 정보

www.goingthewholehogg.com : Fann Mountains 트레킹 루트/여행가이드

www.pamirguides.com : 파미르 여행 정보 안내

https://caravanistan.com : 파미르 하이웨이 여행 정보

www.traveltajikistan.net : 타지키스탄 여행 가이드

https://seasonsyear.com : 타지키스탄 날씨 정보 안내

https://pamirs.org : 파미르 여행 정보

www.qaraqalpaq.com : 카라칼팍스탄 정보 안내

https://avaloka.tistory.com/412 : 세상에 궁금한 모든 것들(고속열차 아프로시얍)

https://avaloka.tistory.com : 이슬람 건축 자료

https://avaloka.tistory.com/432 세상에 궁금한 모든 것들(히바에서 꼭 가봐야 할 곳?)

https://avaloka.tistory.com/454 : 세상에 궁금한 모든 것들(무카르나스, 이슬람 건축을 알아보자)

http://seasonyear.com 중앙아시아 날씨 정보 안내

## 참고 블로그

https://blog.naver.com : 오렌지나무(중앙아시아 자유여행D+14)

https://m.blog.naver.com : 지요사(우즈베키스탄 여행)

https://blog.naver.com : 리스테드(중앙아시아 여행 정보)

https://blog.naver.com : 베프앤산과자연여행사(우즈베키스탄 여행 정보)

https://m.blog.naver.com : 젤로미나(중앙아시아-파미르 여행)

## 참고 동영상

KBS역사기행 - 초원의 마지막 유목제국 티무르

EBS 세계테마기행 : 파미르를 걷다 타지키스탄 1~4부

www.youtube.com/watch?v=6B4_7M3XDYI : 수길따라(중앙아시아 여행 방법)

www.youtube.com/watch?v=zoLCvg3gARA : Anton Pavlov(중앙아시아 여행)

www.youtube.com/watch?v=48PSJqwZVIc : Before You Go(우즈베키스탄 여행)

www.youtube.com/watch?v=AuVMqg0NP7M : David Fancsali(Fann Mountains Trekking)

www.youtube.com/watch?v=Shud244xfTo : Going The Whole Hogg(Fann Mountains Trekking)

www.youtube.com/watch?v=Fs-apBDrxwQ : CMB-77(7 Lakes Hikes)

www.youtube.com/watch?v=R4KyKDUD7uw : BrownBoy Travels(Exploring Fann Mountains and Dushanbe)

www.youtube.com/watch?v=bTz9QVt_vXU : Central Asia Guide(Haft kul - The seven lakes of Tajikistan)

www.youtube.com/watch?v=VxNBc1gdoF8 : BrownBoy Travels(Where to Stay Tajikistan)

www.youtube.com/watch?v=vewIP8P53nU : 이스칸더쿨 호수

https://www.youtube.com/watch?v=7xStxJVOJhI : Coclvision(Uzbekistan: This Country Will Suprise You)

www.youtube.com/watch?v=0yokt_6N_AI : Syifa Adriana(Samarkand and Bukhara in Uzbekistan)

www.youtube.com/watch?v=W46x31JC74w : Natasha's Asventures (Exploring UZBEKISTAN)

www.youtube.com/watch?v=CjqwQNKX4uU : Syifa Adriana(Inside Uzbekistan) www.youtube.com/watch?v=9VuExdvrlio : onherbike(SOLO Woman Motorcycle Ride through Tajikistan-Pamir Highway)

www.youtube.com/watch?v=0YUJiRm5xxE : Get.factual(Life Along the Second-Highest Highway In The World | The Pamir Highway)

www.youtube.com/watch?v=bYptrthnkOI : Alex Rothman(The Pamir Highway: Everything You Need to Know)

www.youtube.com/watch?v=H3FhuZX_9yw : Let's ride 360(GONE EAST 13 (The Motorcycle diary - Pamir Highway & Wakhan Valley)

www.youtube.com/watch?v=WcEoc5gaytY : BrownBoy Travels(Wakhan Corridor and Pamir Highway Roadtrip)

www.youtube.com/watch?v=HPATFgQ-iJo&t=23s : BrownBoy Travels(Pamir Highway, Panj River and Afghan Villages)

www.youtube.com/watch?v=v4Qv1JRb5KQ : BrownBoy Travels(My 2 Days in Ichan Kala Khiva)

## GBAO Permit

성실한 파미르
-
286

# 돔 내부

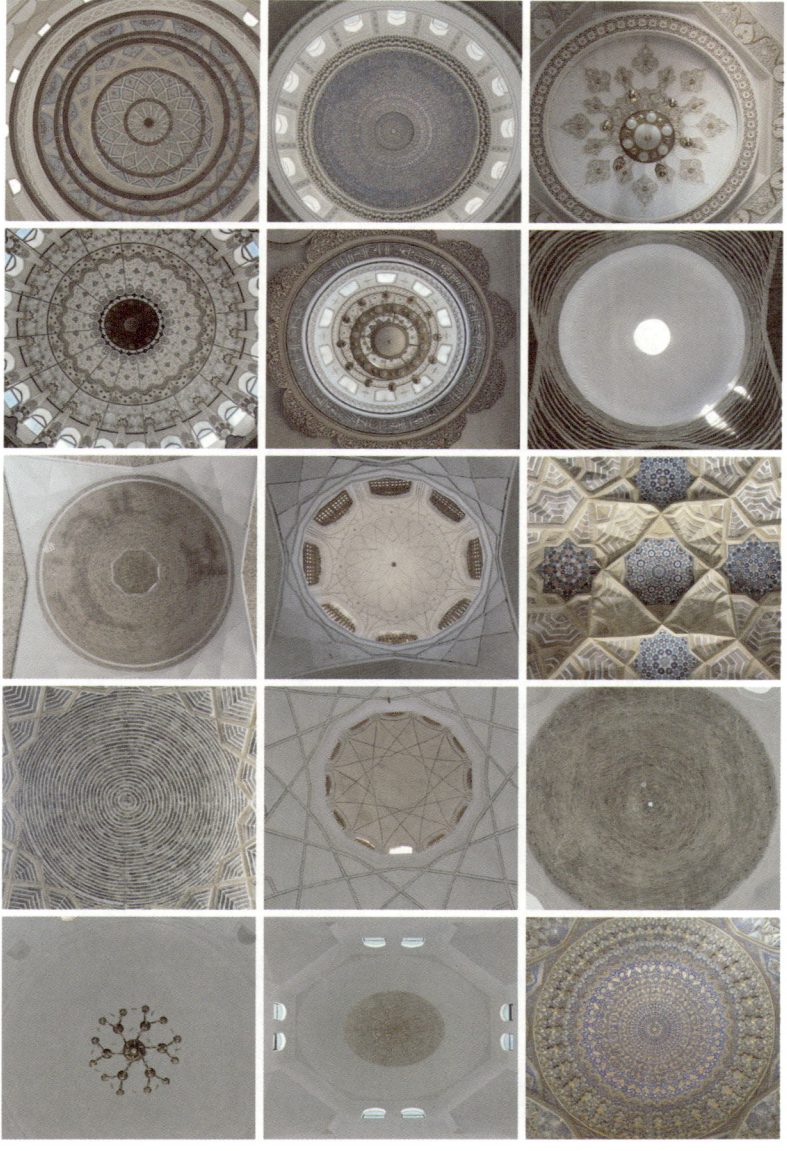

## 우즈베키스탄의 카펫

성실한 파미르

부록

# 여행 일정표

| 일 | | 투숙지 | | | | |
|---|---|---|---|---|---|---|
| 28 | inchon | Tashkent | 공항에서 : 유심 - 1달짜리로, 환전(100달러) | | Al hilal | |
| 29 | Tashkent | Tashkent | chorsu Bazaar | | | 점심 |
| | | | 초르수 시장 | | | |
| 30 | Tashkent | Tashkent | **Parkent Bazaar** | | | 점심 |
| | | | 시장 | | | |
| 31 | Tashkent | Tash/Bukh | mustaqillik maydoni | amir temur square | sher Navoiy Theatre | |
| | | | 독립광장 | | | 오페라극장 |
| 1 | Tashkent | | medrese abdulaziz-khana | Magic city park | | 점심 |
| 2 | Tashkent | | | | | 점심 |
| 3 | khiva | khiva | Khiva 10:28 | Kalta Minor Minaret | | 처녁 연박식 바자르(모집 시장) |
| 4 | khiva | khiva | Pahlavon Mahmud | | 이슈로카 가격 3000 | |
| | | | 이슬람 호자 미나렛 | Muhammad Rahim Khan Madrasa | | |
| 5 | khiva | khiva | | | | |
| 6 | khiva | Bukhara | | | Khiva 11:10 | |
| | | | | | 히바 기차역 | |
| 7 | Bukhara | Bukhara | Lyabi Khauz | Nodir Devonbegi Madrasah | Anor Restaurant | |
| | | | | Kukaldosh Madrasah | | |
| 8 | Bukhara | Samarkand | Magoki Attori Mosque and carpet meusium | | Toki Sarrafon | |
| 9 | Samarkand | Samarkand | Registon Maydoni | Sherdor Madrasasi | | |
| | | | Ulugh Bek Madrassah | Tilla-Kari Madrassah | | |
| 10 | Samarkand | Samarkand | Siab bazaar | Bibi khanym 사원 | | Ulugbek Observat. |
| 11 | Samarkand | Samarkand | Shah-i-Zinda | Afrosiyab Settlement | | |
| 12 | | Penjikent | 가장 식속한(공동묘지) | 유심, 환전 | | 점심 |
| 13 | | | 지역 시장에서 shar Taxi(150소머니) or taxi | | Dushanbe | |
| 14 | Dushanbe | Dushanbe | | | | |
| 15 | Dushanbe | Dushanbe | Dushanbe | | | |

| | Yandex go | +998 998607949 | Samia house Room on F |
|---|---|---|---|
| Hazrati imom majmuasi | Hazrati imom mosque | 이미니스 | Anvars guest |
| | Tilla shayx mosque | 저녁 | +998 71 256 71 62 |
| Minor mosque | Television tower | 화위 9층 식당 | Anvars guest |
| Mirzo yusuf mosque | | 저녁 | 26/2 V. Vakhidov str, 1000 |
| Bay Iskender doner | Museum of Applied Arts | seoul man | Anvars guest |
| 점심 | | | 저녁 |
| Kamalon Mosque | Rakat Jami Mosque | | Anvars guest |
| Museum Memorable Exposition | 430kHz | | 저녁 |
| Yakkasaroy Masjid | Tashkent 18:15 | | Janubiy |
| | 기차·장소 확인하기 | | |
| | | +998 77 092 60 63 | Khiva Abdulla Guest Hou |
| | Minor Minaret | | Boyoqchilar 4 boyoqchilar 4, 220900 |
| Gastronom - 히바 식료품점 | | | Khiva Abdulla Guest Hou |
| | | | Khiva Abdulla Guest Hou |
| | | | |
| Bukhara 18:14 | Chayxana Xo'ja Nasriddin | +998 91 312 36 09 | Mukhlisabegim Hotel |
| | | 저녁 | L. Babahanov Str, 200118 |
| Im Abdulla Khan Trading Dome | Mir-i-Arab Madrasa | Po-i-Kalyan | Lyabi Khauz(라미 하우즈) |
| 등 건물 | | | |
| | Bukhara 16:55 | Simarkand 19:21 | Samarkent city center Ho |
| | 부하라 기차역 | +998 990623211 | Abdurasulova str 55, 140 |
| hammad Oshxonasiga | Rukhobod Mausoleum | Registon Maydoni 야경 | Samarkent city center Ho |
| | Go'r Amir Maqbarasi | 레기스탄 광장 야경 | |
| bi-Khanym Mausoleum | Bibi khanym mosque | | Samarkent city center Ho |
| Daniel Prophet | | | Ini Seadiana |
| Vasiyab Museum | Mavzoley Svyatogo Daniel | Ulug Bek Obsarvatory | |
| | 박물관 | | 저녁 |
| | | | Hotel DUCK |
| | | | M Stenabrods 2, 735500 |
| | | | City hostel Dushanbe +998 918 90 0070 |
| | | | Ozodi Zanon 44, 734003 |
| 7 lakes | | | |
| | 10밧 = 106소머 | | |
| | 1000 - 17.8밧 | | |
| | | | City hostel Dushanbe |

성실한 파미르

여정, GBAO permit 검토

| | | Pamir Highway - Dushanbe~Osh | | |
|---|---|---|---|---|
| | 16 | Dushanbe 2223M | Hulbuk Palace | Shurobod Pass |
| | 17 | Khalaikhum | | Hiking |
| | 18 | Jizeu Village | Hiking | |
| | 19 | Khorog | Ishkashim Fortress | Babi Fatima Hot Sp |
| | 20 | Pamir Highway | Langar | Engel's Peak | Hiking |
| | 21 | Langar | Kargush Pass | Panorama Ridge(H |
| | 22 | Alichur | Murghab | Akbaital Pass |
| | 23 | Karakul village | Sary Moghul | Tulparkul Lake |
| | 24 | Achik-Tash camp | Tulparkul Lake | Lenin Peak(Hiking) |
| 25 | Osh | andijon | 오쉬에서 도스톡 116승 | |
| 26 | andijon | tashkent | 안디잔 대나무 | andijon(15:53) |
| 27 | tashkent | tashkent | | |
| 28 | Inchon(08:25) | | | |

| | | | |
|---|---|---|---|
| | Khalaikhum | | Hotel |
| | Jizeu Village | | Homestay |
| | Khorog | | Hotel |
| | Langar | | Homestay |
| Bulunkul & Yashikul Lake | Langar | | Homestay |
| Karakul Lake | Alichur | | Homestay |
| | Karakul village | | Homestay |
| | Achik-Tash camp | | yurt camp |
| | Osh | +99|778 537 777 | Eco house<br>M. Amatova str. 25, 72350 |

Bahra hotel

tashkent(21:48)

**Tashkent Airport 도착** tashkent(22:15)
**18:00**

Tophan
0|28이 :4 3034
22:15  부착

1. 이만종자 Ichan Qal'a : 오후날 갤 34m²/a 1km . dustlik
2. 최대 모르크 Juma masjid 120개기 기둥
3. 어두운 탑과 마나기 Islom Xo'ja minorasi : 해외4KM . 4배파 꼭대 가슴
4. 궁아로 (Ko'hna Ark) : 모스크 호텔Q
5. 아드리아비 지왕 Nurullaboy Saroyi (4각주전)
6. 후계반 다스파트 예일 Pahlavan Mahmud Mausoleum : 청록돔
7. 에비가 보요 지왕 Toshkhovli palace : 101각 후식찬 자천장소
8. 루화 아주 바다지 Kalta minor : 청록 대학 타일, 300여색
9. 대문학 탑학 후스주 Islom Xo'ja Madrasah : 배달 떡과저
10. 반역스 가인 안 아주라 Muhammad Aminxon Madrasasi
11. 부자가 안 카라반사라이 Allakuli khan Caravansarai
12. 다포학 Pishan Kala : 바수 높다, Aka

호덴가 안디잔 $60 /m
1인 2000 승 (4인)

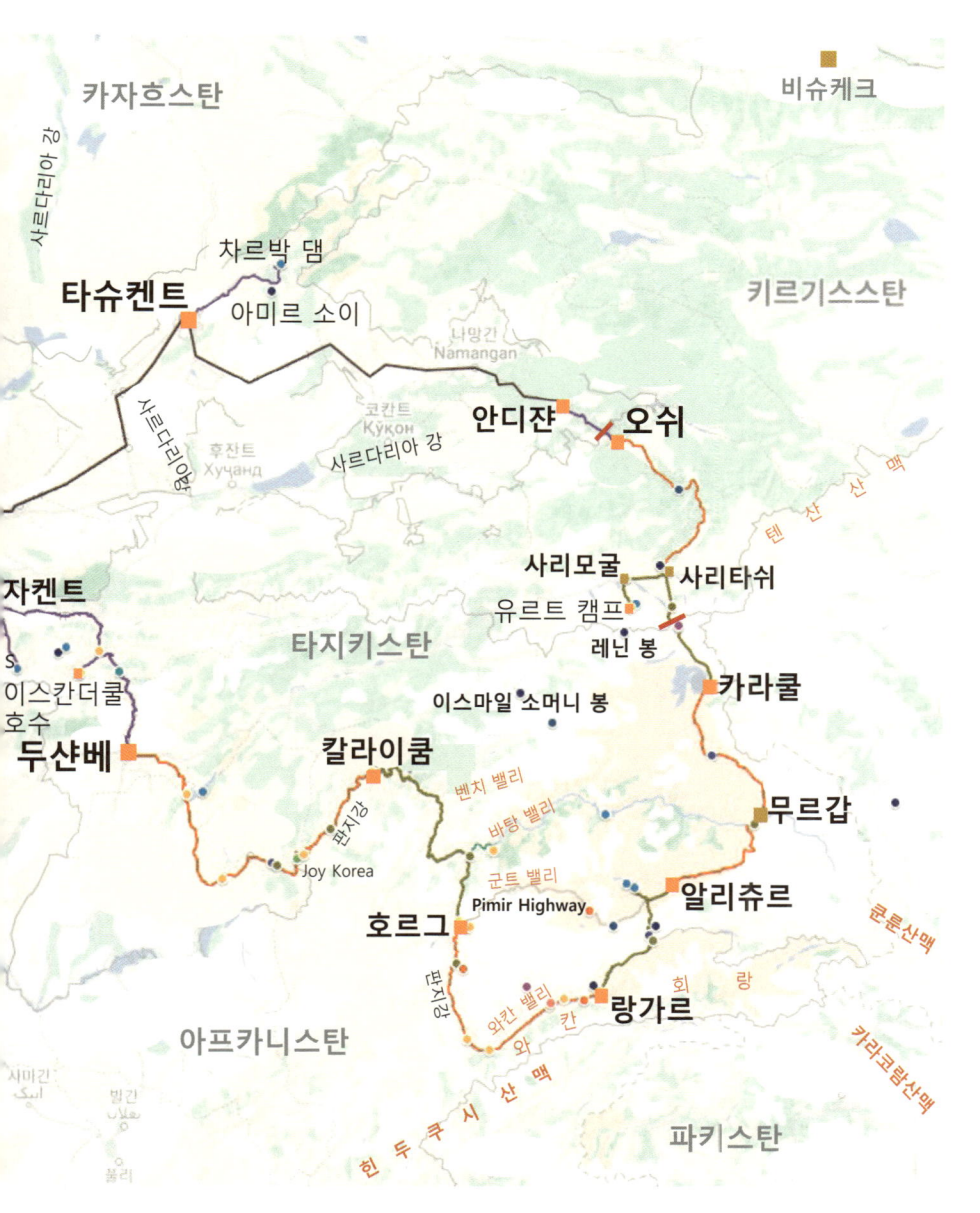

## 히바에서 파미르까지
– 성시리의 좌충우돌 여행기

초판 발행 2025년 3월 28일
초판 인쇄 2025년 4월 04일

지은이 | 천성실
펴낸곳 | 도서출판 한아름
펴낸이 | 김천수
디자인 | 박원섭
마케팅 | 나옥주
인  쇄 | 한아름인쇄

등  록 | 제 2005-000122호
주  소 | 서울시 중구 서애로3길 16 2층
전  화 | 02-2268-8188
팩  스 | 02-2268-8088
이메일 | hanpr@naver.com

ⓒ 2025, 천성실
ISBN 979-11-978454-4-4 03810

잘못된 책은 구입처에서 바꾸어 드립니다.
값은 표지 뒤에 있습니다.